역사관과 역사산책

김기주 지음

●머리말

필자가 역사에 관심을 갖게 된 것은 어렸을 때 동네에 이야기 주머니가 마르지 않은 장죽 담뱃대 할아버지의 영향인 것 같다. 구수한 이야기에 빠지다 보면 어느새 의협심에 흥분되기 일쑤였고 이야기말미에는 악인은 인과응보에 의해 벌받고 착한 이는 복 받는 권선징악의 해피엔딩이었다.

막상 대학에 들어가 역사학을 대하다 보니 원서 강독과 딱딱한 학술용어에 기가 꺾여 재미는 가라앉고 어려움만 쌓여 갔다. 다행히 역사교관으로 가게 되어 이제는 역사를 가르치는 입장이 되었다. 가르치며 배운다는 옛 성인의 말씀을 실감했다.

쓰여진 역사를 섭렵하며 말로 옮기다 보니 역사 속의 자기를 의식하게 됨을 발견하게 되며 역사교육이라는 것이 쾌쾌히 쌓인 과거의 사실 속에서 오늘에 사는 이들에게 효용있고 흥미있는 사실들을 취사선택하여 가르치는 것이며 이것이 산 역사로서 의미가 있다고 생각되었다. 이 책에서 다룬 내용도 미래에 관심을 기울이며 오늘에 사는 이들에게 도움이 될 만한 사실을 주제별로 엮어 본 것이라 하겠다. 그렇다고 해서 역사를 유용성이나 흥미만을 생각하여 개별적 사실의 나열이나 무정견한 잡스러운 지식의 모음이 되어서는 안 되는 것은 물론이다.

역사는 단순한 개별적 사실이나 집합으로 끝나는 것이 아니라 보편적이고 통일적 관련을 가지고 있는 것이며 여러 역사 현상에서 본질을 파악해 내는 것이 중요한 것이다.

이러한 관점에서 필자가 대학 강단에서 다루었던 역사 관련 분야 가운데 교양역사 내용을 간추려 엮어 보았다. 우선 역사의 길잡이로 역사의 어의와 개념을 동서양에서의 해석의 의미와 역사관의 문제 등을 다루었고 우리와 이웃한 같은 문화권의 중국과 일본의 역사를 주제별로 서술하였다. 특히 중국의 역사는 동아시아의 문명의 중심이고 그 영향의 비중을 고려하여 왕조별 변천 과정을 시대별로 축약하여 서술하였다. 지면 관계로 요약하다 보니 무리가 있었으나 왕조별 특징은 잃지 않도록 노력하였다. 일본의 역사 부분은 다른 이웃과 구별되는 특질 즉 신화, 무사도, 천황제 등을 주제로 하였다. 그리고 이들 두 나라와 같은 유교문화권에 속해 있는 한국과 동남아시아 지역에서 유일한 유교국가인 베트남을 들 수 있는데 한국의 역사는 우리 역사로서 이미 이해된 바 있는 영역이고, 베트남의 역사는 동남아시아지역 민족운동의 진원지라 할 수 있으므로 '독립운동'을 중심으로 하여 간단히 다루었다.

이 책에서 다룬 내용이 필자의 전공 분야의 범주를 넘어선 광범위한 것이며 더구나 한 권의 책으로 요약하는 일이란 주제넘고 무모한 일이 아닐 수 없다. 하지만 전문 학술 차원이 아니라 일반교양 수준의 강론을 주제로 다루고 있다는 점에서 다소간의 변명으로 삼고자 하며 또한 필자 주위에서 역사에 관심을 갖게 된 지인들의 권유도 있고 해서 감히 글로 엮어 낸 것임을 해량해 주기 바란다.

이 벅찬 내용을 다룸에 있어 사계의 전문적 학술 성과와 여러 견해를 충실히 반영되도록 노력하였다. 하지만 한정된 지면과 능력의 한계로 중요 내용의 결락과 오역 등 소홀한 점이 없지 않을 것이다. 이에 대해서 기탄없는 질정을 바라며 후일 보전(補塡)하는 기회로 삼겠다.

여기 서술한 내용이 소략하나마 역사의 개념과 이웃 나라를 알아보려는 이들에게 도움이 되기를 기대하며 이 책이 그러한 안내역으로서의 역할을 할 수 있다면 필자에게는 큰 보람이 될 것이다.

끝으로 이 책을 집필하는데 내용의 수정과 편집 등에 꾸준히 도움을 주신 이창후 박사와 위광철 교수에게 감사를 드리며 그동안 조언과 격려를 해 주신 여러분들께도 고마움을 전하며 머리말에 갈음하고자 한다.

김기주

역 사 관 과

역사산책: 중국 · 일본 · 베트남사를 어떻게 볼 것 인가?

차 례 |

인류의 역사 흐름은 무서운 속도로 파장을 일으키며 흘러가고 있다. 우리는 그 물결을 살피되 우리의 DNA에 맞는 그 결을 찾아 맞추어 나가야 한다. 역사를 알고 이해한다는 것은 이런 의미에서 필요하다.

역사의 이해

1

1. 역사의 이해

(1) 시대(時代)의 변천

> 인간은 손을 가졌기 때문에
> 동물 중 가장 현명하다
> - 아낙사고라스

우리가 일반적으로 역사라고 말할 때 그것의 의미는, 과거에 일어난 여러 사실의 기록이며 서술을 가리킨다. 하지만 역사를 이해한다고 단순히 과거의 사실을 알고자 하는 것에 그친다면 이는 박학(博學)에는 도움이 될지 몰라도 진정한 역사의 이해에는 도달하지 못한다 하겠다. 그것은 머리말에서도 말했듯이 지식의 화석(化石)이나 폐품에 불과한 것이다.

그렇다면 단순한 과거의 사실에 그치지 않고 무엇을 더 알아야 하는가?

우리가 역사를 배우는 목적은 오늘을 이해하고 내일을 대비하는 것에 있다. 누구나 인간은 오늘을 살면서 내일에 관심을 두게 마련이다. 그러나 내일을 알기 위해서는 현재라는 징검다리 없이 건너가기 어렵다. 따라서 오늘을 낳은 과거에서 미래로 건너갈 재목을 찾을 수밖에 없는 것이 아니겠는가? 현재는 과거의 종점이자 미래의 시작이다.

그러므로 옛날의 일을 오늘에 되살려 숨 쉬게 할 수 있다면 미래에 대비하는 양식이 될 것이다. 이를 위해서는 역사를 과거의 사실을 단순히 되뇌어 보는 것에 그쳐서는 아무 효용이 없다. 단순히 상기하는 과거의 사실이 저절로 오늘의 우리에게 의미있게 살아나지는 않는다. 이때문에 역사를 어떻게 이해하여야 하는가 하는 문제에 직면하게 된다.

이 문제를 생각하기에 앞서 본론 내용의 이해를 돕기 위해 인류가 거쳐 온 역사를 간단하게나마 개관해 보는 것이 좋겠다.

인류 역사 최초의 시대를 "구석기시대"라고 한다. 이는 고고학상의 시대 구분에 의한 것으로서, 인류가 사용한 생활 도구의 제작 수법과 형태의 특징에 기초한 구분이다. 당시 구석기인들은 동식물을 수렵 · 채집하여 의식(衣食)을 해결하며 무리를 지어 생활하였고, 뗀석기, 즉 타제석기를 만들어 사용하였다. 아직 생산을 모르는 단계여서 "자연물 채집" 또는 "식량 채집 사회"라고 말한다.

빙하시대가 끝나고 충적세로 접어들면서 지구 상의 바다와 육지는 오늘날의 모습과 비슷하게 형성되었다. 따뜻한 기후로 빙하가 녹아 대하(大河)를 이루고, 그 하구에는 토사의 퇴적으로 새로운 삼각주와 비옥한 평야가 생겨났다.

이러한 자연환경의 변화에 따라 오랜 기간 구석기 시대의 생활에 머물러 있던 인류의 생활도 크게 변하였다. 그들의 활동범위도 넓어지고, 문화의 내용도 풍부하고 다양하게 전개되었다. 이제까지 수렵과 채집에 의존하던 상태에서 농경과 목축의 생산경제 시대로 발전하게 되었고 인류는 비로소 정착생활로 접어들게 되었다.

농경과 목축은 인류로 하여금 자연에 의존하는 단계에서 자연을 이용하는 단계로 진전시켰다. 이것이 곧 신석기 혁명의 시작이었던 것이다. 특히 식물재배에서 시작된 경작농업은 물 수급이 좋고 비옥한 곳에 정착생활을 유발하였고, 저장용 음식물 등의 보관이나 제사용 토기의 제작을 촉진시켰다. 토기의 제작이야말로 신석기 시대의 특징이다. 이와 함께 목축도 성행하였다. 그래서 비폭력적인 동물을 순화시켜 가축으로 길렀으며 이를 의식용, 운반 수단 등으로 활용하게 되었다.

이러한 농업 · 목축의 등장은 큰 변혁을 일으켰다. 이것은 인류문화 사상 제1혁명이라 할 수 있는 패러다임의 일대 전환이었다. 이 시기에 기간 산품은 곡물이었다. 그 모체가 된 것은 물론 토지이다. 또한, 인구가 증가함에 따라 영토의 쟁탈이 각 곳에서 전개되었다. 그리하여 부족국가에서 도시 국가 형태로, 다시 영토국가의 규모로 여러 공동체가 성장하게 되었다.

인류사에 있어 그다음 제2의 혁명의 시기는 공업 시대의 도래라 할 수 있는데, 이것은 18세기 후반에 영국에서 비롯된 산업혁명이다. 인간이 지구 상에서 생활을 시작한 이래 생산은 주로 인간의 근육에 의존해 왔고 특히 도구 사용에 능숙한 숙련공이 그 시대의 주인공이었으나 산업혁명이 일어난 이후에는 생산기계의 설비와 가동에 필요한 3대 요소인 자본, 토지, 노동 등 이른바 유형자산(有形資産)이 중요시되었다.

이러한 생산 · 산업시대에 들어서서는 생산기계의 자재인 철이 주요 산품이 되고, 산업의 모체로서 민족이 등장하게 된다. 즉 산업혁명 이후 생산교역이 확대됨에 따라 중세 봉건제후에 의한 지방적 경계와 통제가 이완되고 정치와 경제의 지방적 할거주의가 타파되어 여러 지역 주민들의 민족적 의식이 높아지게 되었던 것이다. 이리하여 민족의 개념이 등장함에 따라 민족은 시대의 주역이 되고, 이로 인해 정치공동체로서의 민족국가들의 출현을 보게 된다. 그러므로 민족주의야말로 산업혁명 시대의 산물이라 하겠다.

인류사의 제3의 물결이 이는 대전환의 시기는 20세기 후반에 시작된다. 지식기반의 정보화시대가 그것이다. 그전 단계인 공업시대는 지하자원이 중요한 자산이었으나 21세기로 다가가면서 인간의 두뇌가 보다 중요시되는 아이디어(idea)시대가 도래하였다.

정보화 시대에는 양적인 생산보다 질적인 다양성, 즉 독창성 · 창의력 · 수월성이 요구된다. 다량의 정보가 빛의 속도로 세계 곳곳에 퍼져 나가고 있다. 이런 정보화 시대가 더 익어갈수록 멀티(multi) 인간형이 더욱 요구될 것이다. 국가의 성격은 개방국가화로 지향되어 세계화 · 국제화가 촉진될 것이며, 독재나 전제국가 체제는 정보의 확산 등으로 그 존속이 불가능하게 된다.

이 시대의 주역은 인간의 운영하는 기업(企業)이다. 국가 간의 경계인 국경의 개념이 모호해져서 기업들은 국경 없이 넘나

들게 되고, 세계화의 물결은 더욱 거세게 일게 되었다. 이에 더하여 정보혁명의 시대는 생명과학혁명의 시대를 예고하면서 IT(정보통신기술)와 BT(생명과학기술)의 결합(convergence)에 이어, NT(나노기술)를 한데 묶는 융합 · 복합기술이 진행되었다. 이러한 연계기술(Relation Technology)로 인해 다양한 영역간의 융합 및 통섭(consilience)이 요구되는 새 시대의 파장이 일고 있다. 다른 한편으로는 근자에 미래 산업으로 시선을 끄는 녹색환경산업을 신성장 동력으로 삼고자 하는 국가정책과 기업이 등장하고 있음도 주지의 사실이다.

이와 같이 인류의 역사 흐름은 무서운 속도로 파장을 일으키며 흘러가고 있다. 우리는 그 물결을 살피되 우리의 DNA에 맞는 그 결을 찾아 맞추어 나가야 한다. 역사를 알고 이해한다는 것은 이런 의미에서 필요하다.

(2) 역사의 이해

> 올바른 과거 위에 올바른 미래로 쌓아갈 수 있다.
> - 케네디

역사를 이해하는 데 있어서 본질적이고 근원적인 문제는 “역사란 무엇이며 어떠한 의미를 지니고 있는가?”이다. 이는 역사에 대한 정의를 내리는 문제로 귀결되는 것이라 하겠는데, 다른 분야와 달리 역사학의 학문적 특수성과 독자성을 밝히는 데 있어서 중요한 의의를 갖는 것이다. 이때문에 역사란 무엇인가에 대해서는 수많은 견해가 있어왔다.

우선 역사에 대해 동양, 특히 중국에서 어떻게 이해하려고 하였는가를 살펴보기로 하겠다. 역사이론에 관한 문제만 두고 볼 때, 서양에 비해 동양의 역사이론이 발전하지 못하였다거나 혹은 동양의 역사관, 역사의식이 매우 애매한 것 같이 생각하는 경향이 있다.

그러나 동양에서의 역사서술의 본령(本領)인 중국은 역사상 풍부한 역사기록과 서술을 남겨 놓았다. 그러한 기록이나 서술이 어떤 역사의식이 없이 이루어진 것이라고 할 수 없을 것이다. 그 역사의식이 어떤 것인가 하는 문제는 중국인의 역사관과 직결되는 것이다.

중국에서의 전통적 역사관이나 역사의식은 근대 사학의 입장에서 볼 때 오히려 특수한 성격을 가지고 있는 것이라고 보아야 할 것이다.[1] 즉, 공자(孔子)의 저술인 ≪춘추(春秋)≫ 등장한 이후 그의 유교사상과 함께 그의 소위 '필법의 정신'의 영향으로 말미암아 사실 기술의 목적이 진실을 탐구하는 데 있다기보다 윤리적 판단이나 도덕적 교훈을 찾아내기 위한 소재로서 이용하는 데 있었다.

≪춘추≫는 공자가 춘추시대(BC 722-BC403)의 노국(魯國)을 중심으로 한 역사를 기록한 책이다. 노국(魯國)은 현재의 산동성 부근에 있었던 나라이다. ≪춘추≫는 단순한 역사서라기보다 유학의 정치와 역사에 있어서 도덕학의 교과서와 같은 것이었다. 즉 ≪춘추≫는 유교적인 의리명분을 찾아 옳고 그름을 밝혀가면서 서술한 것으로서 후세의 사서오경(四書五經)의 하나로서 취급되는 경서(經書)이기도 하다. 이에서 나온 '춘추필법(春秋筆法)'이란 대의명분을 밝혀내서 쓰는 사필의 준엄한 논법을 말한다.

한편 춘추필법에 대한 후대 학자들의 비판도 없지 않다. 주된 비판은 공자 자신의 유교관에 입각한 주장을 관철하기 위해 사실관계를 왜곡(歪曲)하여 강인하게 억지 논리를 전개하였다는 주장이다. 참고로 ≪춘추≫라는 책의 명칭은 대만의 국사(國師) 남회근(南懷瑾)의 설명에 의하면 삼월의 춘분과 추분을 가리키는 것이다. 이 두 절기에서만 밤낮의 길이가 거의 같고 기후도 춥지도 덥지도 않아 온화하므로 이와 같은 춘분과 추분의 평형성(平衡性)과 같이 한쪽으로 기울지 않는 공정, 공평성을 지켜

1) 전해종(全海宗), 길현모(吉玄謨), 차하순(車河淳) 공저, 『역사이론과 서술』, 서강대학교 인문연구 논집, 제8집, 1975, p.1 참조.

야 한다는 뜻을 담기 위해 역사서의 이름을 ≪춘추≫라 하였다고 한다.

동양에서 "역사(歷史)"라는 말이 처음 등장한 것은 중국 명나라 말기인 16세기경 원황(袁黃)의 ≪역사강감보(歷史綱鑑補)≫에서 사용되면서부터라고 하며, "역사"의 '역(歷)'이란 지나간 것이란 뜻일 뿐이고 '사(史)'라는 말에 본뜻이 있다.

'사(史)'라는 어의(語義)를 보자. '사(史)'는 본래 역사를 기술하는 사람이라는 뜻이었으나 후대에 와서 기록이란 의미로 쓰였다. 이 경우 그 뜻은 서양의 지식이란 뜻의 'History'와 그 의미가 비슷하다. 그런데 사(史)는 또 하나의 중요한 의미를 지니고 있다. 자체(字體)를 분석해 보면 한자의 가장 오래된 상형문자인 갑골문자에서 나타나는 사(史)의 글자 모양은 ψ∋로 표현되어 있다. 여기서 ψ은 중(中), ∋는 수(手)로 해석되고 있어서 사(史)란 '수(手)'와 '중(中)'의 성어(成語)로서 손이 중(中)을 쥐고 있는 모양이다. 이때 중은 정(正)을 의미한다. 그래서 사(史)는 기록함에 있어서 공정성을 지켜야 한다는 뜻이 된다.[2)]

한편 여기서 정(正)은, 사실을 진실 되게 쓰라는 의미보다는 지위의 고하·빈부의 차이·개인적 이해관계·개인의 주관적인 호오(好惡) 등에 매임이 없이 올바른 기준에 의해 바르게 쓰라는 의미로 해석된다. 이때 올바른 기준이란 곧 유가적 대의명분을 말하는 것이다.

바꿔 말하자면 역사를 경학(經學)에 예속시켜 역사기록을 윤

2) 후한(後漢)의 허신(許愼) 《설문해자(說文解字)》 史部 참고

리적 판단을 위한 수단으로 삼고자 한 것이 고대 중국인의 역사 이해였다. 이 점에서 동양사회의 역사관이 서양의 역사관과 구별되는 특이한 역사관이라 하겠다.

한편 중국에서의 역사서술이 형식적이나마 경서로부터 자율성을 얻게 된 것은 한대(漢代) 사마천(司馬遷)의 ≪사기(史記)≫에서 비롯되었다.

사마천은 중국 및 그 주변 국가를 포함한 동양 무대 전체에서 인간이 펼쳐 놓은 역사의 전모를 중국 중심적인 그의 독창적인 표현과 서술형식에 따라 고대로부터 자신의 시대까지 정연하게 묘파하였다. 이때 사마천이 역사를 기록한 서술형식을 "기전체(紀傳體)"라고 하며 이후 중국 역사의 정사(正史)를 쓰는 기본 형식으로 자리 잡는다. 우리나라 고려시대의 김부식의 『삼국사기』도 이 역사 서술형식을 따른 것이다. 사마천에 이르러 역사서술은 윤리적 비판의 종속적 지위에서 벗어나 자립의 길이 열리는 계기가 되었던 것이며, 동양사 서술의 고전(古典)으로 오늘에 전하고 있다.

그렇다고 해서 동양적 전통사회에서 유교적인 도덕적 교훈이 역사서술에서 완전히 배제될 수 있었던 것은 결코 아니다. 다만 기술 형식상의 분류라는 의미에 한계를 두고 말할 때 사마천 이전과는 구분되는 특징을 확립하였을 뿐이다. 역사적 사실은 사관의 선택을 거쳐서 서술로 나타나는 것이다. 그러므로 사관(史官)의 가치판단이 유교주의 의식에 머물러 있는 한, 유교적 도덕주의 경향이 반영되는 것은 불가피하다. 동양역사를 통하여 사서(史書) 편찬의 목적이 감계주의(鑑戒主義)에 있었다는 것은 주지의 일이다. 그 표본으로서 북송(北宋)대의 ≪자치통감(資治通鑑)≫을 둘 수 있겠고 조선조의 동국통감(東國通鑑) 역시 이 정신에 따라 만들어진 사서의 한 예이다.

이런 동양의 역사관은 역사를 움직이는 것은 무엇이며 그 방향과 목표는 어디에 두고 있는가 하는 물음에 답하려는 인식은 결여되어 있었다고 할 수 있다. 이런 물음은 오늘날 중요한 역사철학적인 문제이므로, 현재의 평가에서는 동양의 역사관이 역사의 흐름을 대국적 안목에서 고찰하려는 역사철학적인 문제의식이 결여되어 있다고 할 수 있겠다.

한편 서양에서는 19세기 독일 철학자 헤겔의 해설을 빌리자면 역사란 그 의미를 주관적 측면과 객관적 측면 등을 종합한 것이라 하여 과거에 일어난 사건(사실)을 의미함과 동시에 사건의 기술(記述)을 의미하는 것이라고 한다.[3)]

역사의 주관적 측면이란 인간의 인식작용이고, 곧 주관을 통하여 형성된 역사상(歷史像)으로서 서술된 역사인 쓰여진 역사를 말한다. 이에 반해 그 객관적 측면이란 일어난 사건, 즉 과거의 사실로서의 역사를 의미하는 것이다. 따라서 역사란 객관적으로 일어난 사건과 그 사건을 탐구해서 주관적으로 인식된 지식 등을 함의한다는 것이다. 그런데 문제는 역사에서 주관적인 면이 강조될 경우 사실과 서술이 일치하지 않는 경우가 있다는 데에 있다.

3) G.W.F. Hegel, 『The Philosophy of History』, translated by J. Sibree (Greatbook in Philosophy, Prometheus Books, 1991, pp. 456-457)

역사는 역사가의 주관성에 의한 서술이기 때문에 왜곡과, 심지어 날조가 행해질 수도 있다. 그렇다고 해서 과거의 사실의 기록으로 끝난다면 앞서 말한 바와 같이 그것은 배울 가치가 없는 사장될 지식에 불과한 것이다. "사실은 자루와 같다"라는 말이 있다. "자루는 그 속에 무엇인가 집어넣어 주기 전에는 스스로 설 수 없다"라는 말과 같이 과거에 일어난 사실은 스스로 말하기보다 사실에 의미를 부여함으로써 그 의의를 읽을 수 있다. 요컨대 역사는 사실에 대한 단순한 서술이 아니라 의미 있는 서술이 되어야 한다는 것이다.[4)]

---

4) E.H.Carr, 『What is History』, Penguine Books, 1961, p.11, 재인용

과거의 사실에 그치지 않고 무엇을 더 알아야 하는가?

역사관과 역사산책

역사관이란 역사가의 주관이면서 동시에, 역사가들이 갖고 있는 고유한 입장, 선택 기준, 해석의 원리, 그의 가치관 등이 다 같이 뭉뚱그려진 복합적 관념체이다. 그것은 그의 인생관, 정치관, 도덕관 등 개인의 주관만이 아니라 공통의 이해와 체험을 갖는 사회성을 갖는 주관이어야 한다.

역사관의 이해

2

2. 역사관의 이해

(1) 역사와 역사관의 문제

역사는 과거의 사실을 단순히 되뇌어 보는 것에 그치는 것이 아니라고 하였다. 그렇다면 역사를 어떻게 이해해야 하는가?

이와 관련하여 19세기 독일의 역사가 랑케(Ranke)는 "역사가는 역사적 사건들을 사진 찍듯이 재현(再現)하는 역할에 그쳐야 한다"라고 주장하였다. 하지만 로빈슨(J.M.Robinson) 등과 같이 오늘날의 이른바 '새로운 역사학'을 주장하는 역사가들은 랑케와는 다른 입장을 제시하였다.

이들의 주장에 따르면 역사는 형성과정의 연구이기 때문에 역사가의 주된 목적은 과거의 그 사건이 어떻게 벌어지고 있는가가 아니라 어떻게 그 사건이 현재에까지 와 닿게 되었는가, 어떻게 그것이 이루어져서 현재까지 영향을 미치고 있는가를 밝혀내야 한다. 따라서 이런 입장에 따르면 역사학의 과제는 과거에 일어나 켜켜이 쌓인 역사의 지층(地層)을 꿰뚫고 있는 원리 혹은 이념, 다시 말해 '삶의 가치'를 규명해 내야 하는 것이라 하겠다.

그런데 과거에 일어난 사실을 서술하고 평가하는 것은 역사가이다. 역사 인식의 주체가 역사가의 주관인 것이다. 이렇게 역사의 서술이 역사가의 주관적 선택에 의해서 이루어지기 때문에 역사관의 문제가 생기게 된다. 즉 그 주관의 자의적인 견해가 개입될 수 있다는 데에서 문제가 생기는 것이다. 그러므로 역사가가 자신의 개인적인 견해에 갇혀버려서는 안 된다.

물론 역사가의 인식은 자신의 시대를 반영하기 마련이다. 왜냐하면 역사가는 그가 살고 있는 시대와 사회에 크게 의존하고 영향을 받고 있기 때문에 어떠한 역사가도 그가 놓여 있는 그 시대의 상황 인식 속에서 과거의 사실을 선택하고 기록하게 되기 때문이다.

하지만 역사관이란 역사가의 주관이면서 동시에, 역사가들이 갖고 있는 고유한 입장, 선택 기준, 해석의 원리, 그의 가치관 등이 다 같이 뭉뚱그려진 복합적 관념체이다. 그것은 그의 인생관, 정치관, 도덕관 등 개인의 주관만이 아니라 공통의 이해와 체험을 갖는 사회성을 갖는 주관이어야 한다. 독 안에 갇혀 있으면 독의 모양을 알 수가 없다. 마찬가지로 사상이라는 독의 모양도 사상의 바깥에서 객관적으로 바라보아야만 알 수 있는 것이다. 즉 사상이란 개인의 두뇌에서 나오는 것이지만 그것이 사회적 · 시대적 공감을 얻을 수 있어야 한 시대를 풍미하는 시대 사관이 될 수 있다.

역사의 이해에 있어서 역사관의 문제야말로 그 요체가 되는 핵심이다. 이렇게 역사관을 강조하는 까닭은, 역사관이 개인의 주관(主觀)이면서 동시에 그 개인에 한정되지 않고 사회성을 가진 객관(客觀)이어야 한다는 길항된 요소를 본질적으로 포함하기 때문이다. 그래서 올바른 역사관을 갖는다는 것은 어려운 일이다.

1차적으로 역사관이란 역사 해석의 주관성을 의미하는 것이어서 역사를 보는 눈이 각기 다를 수 있다. 그것은 역사를 움직여 온 것이 무엇인가 하는 것에 대해 서로 다른 답을 가지고 역사서술이 이루어질 수 있음을 의미한다.

간결하고 쉬운 예를 들어 보자. - 자유인가 빵인가? 자유 없는 빵은 문제이지만 빵 없는 자유도 문제이다. 자유 없는 빵의 대표적인 예는 "역사는 자유의 자기실현의 과정"이라는 헤겔(Hegel)의 역사 이론이고, 빵 없는 자유를 대표하는 역사관의 예는 마르크스(Marx)의 "역사의 동력은 물질적 생산력이다."라는 입장을 들 수 있다. 특히 빵은 평등의 문제와 직결되는 요소로서 빈부 격차와 소득의 분배 등의 문제로 나타난다. 그러니 자유와 평등의 문제의 동시적 구현(具現)이 인류사의 과제인 것이다.

여기에서 잠깐 자유와 평등의 문제에 관해 생각해 보고 그다음에 역사관의 변천을 다루어 보겠다.

'자유 없는 평등'은 평등한 궁핍을 자초하기 마련이다. 하지만 '평등 없는 자유' 역시 개인 본위적인 자유방임 상태를 유발시켜 사회의 양극화, 더 나아가서 약육강식(弱肉强食)의 극단의 사회적 갈등과 혼란을 야기할 수 있다.

그래서 자유는 평등을 밑받침으로 삼아야 하며, 그렇다고 평등이 자유를 무조건 제약(制約)해서도 안 된다. 사람들은 얼굴 생김이 각기 다르므로 인심(人心)도 다르게 마련이다. 어떤 사람은 위대하게 태어나고 어떤 이는 위대함을 이루고 어떤 이들은 위대함을 떠받든다. 그러므로 기계적 평등이란 바람직하지도 않고 불가능하기도 한 것이다. ≪중용≫의 "천명지위성(天命之謂性)"이란 말에 이르듯이 저마다의 타고난 성(性)과 제 몫을 찾아 일구어 나갈 수 있는 기회의 평등이 보장되는 사회가 바람직하다 하겠다.

(2) 역사관의 유형과 변천

가. 순환 사관

> 역사는 반복하되 모양을 달리한다.

이제부터 역사관들의 유형을 시대적 흐름을 참고로 하여 간략히 살펴보겠다.

서양에 있어 최초의 역사서술은 헤로도투스(Herodutus)의 ≪히스토리아(Historiai)≫이다. 헤로도투스는 서문에서, "역사를 쓰는 목적은 현재 우리들의 기억 속에 남아있는 위대하고 경탄할 만한 인간적 행위가 먼 장래에 잊혀질까 두려워 내가 연구조사한 것을 써 남기고자 한다"라고 하였다.

또 한 사람의 그리스의 위대한 역사가인 투키디데스(Thukydides)는 ≪펠로폰네소스(Peloponnesos) 전사(戰史)≫를 쓴 동기를 말하면서 이렇게 말했다. "내가 역사를 쓰는 이유는 읽는 사람으로 하여금 한 때 즐기게끔 하기 위해서가 아니라, 재미를 희생시키더라도 역사의 진실을 정확하게 전하기 위함이며, 이 사실들이 후세의 유산으로 남게 되기를 바라기 때문이다."

우리는 여기서 동양의 "사(史)"와 서양의 "history"의 차이를 보게 된다. 앞에서 보았듯이 공자나 사마천은 역사기록을 윤리적 판단을 위한 수단으로 삼고자 하였는데, 헤로도투스와 투키디데스는 과거의 중요한 사건이 잊혀지지 않도록 유산으로 남기기 위해 사실을 정확히 기록하고자 하였던 것이다. 이렇게 동양과 서양은 역사에 대한 인식이 기본적으로 그 출발에서부터 달랐다.

그러나 동·서양을 막론하고 고대에 있어서는 다 같이 오늘날의 역사학이 요구하는 역사의식은 결여되어 있었다는 점에서 동일하다. 즉 역사를 전체로서 통일적으로 파악하는 정신, 또는 역사가 시간의 경과 속에서 계기적(繼起的)으로 전개되어 나아간다는 단계적 발전을 이해하려는 인식이 없었던 것이다.

고대인들은 과거가 현재의 평면적 연장에 불과하다고 하여 인간세계의 변화를 자연계와 같이 유전(流轉)하는 것이라고 해석하였다. 따라서 역사서술의 범위도 대부분 동시대(同時代) 내지 몇 세대 소급하는 데 그쳤다. 서양에 있어서 로마 시대의 그리스 인 폴리비우스(Polybius)의 순환사관(循環史觀)이 그 대표라 할 수 있다. 이와 대조적으로 동양에서는 이상 사회를 고대에 두고 시대가 내려옴에 따라 소중하고 가치 있는 것들이 퇴폐하여 간다고 보아 앞선 시대, 즉 고대를 이상으로 삼는 상고주의(尙古主義)[5] 를 흔히 특징으로 말하고 있다.

상술한 폴리비우스의 순환 사관은 정체순환론(政體循環論)을 말하는 것이다. 정체순환론은 정치체제가 시간이 경과함에 따라 동일한 사상(事象)이 거듭 순환한다는 이론이다. 폴리비우스는 로마 제국의 발전을 기축으로 하여 국가정치형태의 변화 과

5) 중국은 전통적으로 천지는 변하지 않는다는 사유방식이 지배적이고 지금보다는 옛날을 좋아하는 복고주의(復古主義), 앞을 향한 무한한 진보보다는 일치일란(一治一亂)의 순환론(循環論)이 중국사 사상계에 만연되어 있었다. 19세기 들어서서야 엄복(嚴復: 엔푸, 1854-1921)을 비롯한 근대 지식인들이 진화론(進化論-다윈의 사회진화론)을 수용하게 된 것이다.

정을 설명하고 있다. 즉 국가정치형태는 원시군주정(原始君主政)에서 출발하여 왕정, 참주정(僭主政), 귀족정, 과두정(寡頭政), 민주정, 중우정(衆愚政), 그리고 다시 원래의 일인(一人)에 의한 정치체제로 돌아온다는 것으로서, 이 7개의 국가 정치형태가 한 궤도 상에서 영원히 반복하여 순환한다는 것이 폴리비우스의 이론이었다.[6)]

이 이론을 다시 풀어서 예를 들어 설명하자면, 최초의 국가형태는 1인에 의한 정치체제에서 시작한다. 이를 두고 아리스토텔레스는 유덕자(有德者)에 의한 이상적인 단순 체제라고 한 것이었으나 1인에 의한 권력의 집중은 한 곳에 고인 물이 썩듯 변질·타락하여 폭군정으로 변해가게 마련이다. 이러한 권력의 전횡(專橫)을 막기 위해 등장하는 것이 귀족정치인데, 이 역시 상류 특권계급에 의한 정치체제로서 소수가 권력을 농단(壟斷)하는 과두정으로 변질되어버리게 된다. 이리하여 대두되는 것이 민중 다수에 의한 민주정(Democracy)이다.

그러나 오히려 다수결의 위력이 정치적 야심가들의 선동에 이용되어 이른바 대중영합주의(populism)로 잘못 흐르게 된다. 예를 들어 로마 공화정 말기에 포풀라레스(Populares)라는 정치적 집단(정당이 아닌)들이 나타나 시민들에게 빵, 서커스 등을 제공하는 등 선심 행위로 평민계급의 지지를 이끌어내어 정치세력으로 삼으려 했던 경우가 대표적이다. 대중영합주의가 생겨나면 떼 지어 몰려다니는 소위 패거리 정치의 준동(蠢動)이

6) 허승일(2009), "폴리비우스의 혼합정체론(混合政體論)과 티베리우스 그락쿠스의 개혁", 『역사학보』 119집, 1988. 9. p. 54. 참고. 허승일, 『다시 역사란 무엇인가』, 서울대학교출판문화원, 2009, p.21

생겨나고 이것이 더 악화되면 민중의 광기로까지 내닫게 된다. 곧 폭우정치(暴愚政治)가 나타난다. 그리하여 로마는 제2차 삼두정치(三頭政治) 시대를 끝으로 원로원에서는 당시 내전을 수습한 옥타비아누스(Octavianus)에게 제1인자라는 뜻의 "아우구스투스"라는 칭호를 주어 통치의 정권을 주어 맡기게 된다. 결국 정치체제는 아우구스티누스(Augustinus)가 황제가 됨으로써 로마 공화국은 끝나고 로마제국시대로 들어서게 된 것이다.

폴리비우스의 순환 사관은 자신이 관찰한 내용을 역사적으로 보편화시키고자 한 것이었으며 고대 역사가들 가운데 통일적인 역사관을 제시한 유일한 인물이었다는 평가를 받기도 한다.

이러한 정치체제의 순환 이외에 역사의 순환을 주장한 학자에는 독일의 슈펭글러(Oswald Spengler)와 영국의 토인비(Arnold Toynbee)를 들 수 있다.

슈펭글러는 20세기 초반(1918년) 제1차 세계 대전 직전에 자신의 저서 『서양의 몰락(Der Untergang des Abendlandes)』에서 문화의 순환 사관을 제시하였다. 슈펭글러는 인류의 역사를 종래의 유럽중심의 직선적인 발전과정이 아니라 8개의 각기 완결되는 문화의 덩어리라고 주장하고, 그들 각 문화는 자연현상과 같이 춘하추동을 지나면서 생물적인 생성노쇠(生成老衰)의 과정을 밟는다 하였다. 그리하여 서양문명은 그 노쇠기에 접어들어 몰락을 면치 못한다는 비관적 견해를 피력하여 유럽사상계에 큰 충격을 안겨 주었다.

한편 슈펭글러와 같은 시기에, 영국의 역사가 토인비는 『역사의 연구(A Study of History)』에서 주장한 문명사관에서 순환론적 역사관을 제시하고 있다. 토인비는 역사의 반복성에 관심을 둠으로써 새로운 역사 탐구의 길을 찾고자 하였다. 그는 큰 시야에서 역사를 보면 같은 형(型)의 사건이 서로 멀리 떨어져 있는 나라들 간에 긴 시간차를 초월하여 유사하게 발생하는 것을 발견하는 것, 즉 서로 다른 때와 장소에서 유사한 사건이 동일하게 발생하는 철학적 동시대성(同時代性)을 발견해 내는 것이 새로운 역사학의 연구 과제라고 주장하였다.

토인비는 슈펭글러와 함께 유럽 중심주의 사관에서 벗어나서, 세계사를 하나의 발전계열로 보지 않고 20여 개의 문명사회를 포괄하는 수많은 문명권의 집합으로 세계사를 이해하면서 역사는 각 문명기 발생, 성장, 쇠퇴, 해체의 과정을 밟는 것이라 하였다. 그러나 토인비는 슈펭글러와는 달리, 종래 문명은 이상의 과정을 밟고 몰락했으나 유럽의 서구 문명은 기독교가 갖는 독자적 성격과 가치 때문에 구원받을 수 있다고 하여 서구 문명의 미래를 낙관시하였다.

토인비는 또한 인간의 문명을 실현시키는 것은 뛰어난 생물학적인 소질이나 지리적 환경의 결과라기보다 특별히 어려운 사정이나 상황의 도전(challange)에 대한 응전(responsce)이라는 개념으로 문명의 성장을 설명할 수 있다고 하였다.

나. 기독교적 역사관과 중세 사회

상술한 아우구스투스(Augustus) 황제 이후 로마는 약 200년간 이른바 “로마의 평화”(Pax Romana) 시대를 맞이하게 된다. 이 시대에 5현제(賢帝)가 출현하여 로마사회의 안정 기반이 확립된다. 그러나 5현제의 시대가 끝나고 3세기에 접어들면서 정국이 불안해지고 황제가 번갈아 폐위되는 군인 황제 시대를 거치게 된다. 이즈음에 게르만(German) 민족의 침입이 빈번히 일어나고 변경이 어지러워졌다.

이런 가운데 콘스탄티누스(Constatinus) 황제는 정국의 불안과 혼란을 수습하기 위해 당시 널리 기독교가 포교되고 있는 현실을 인정하여 313년에 "밀라노 칙령"으로 크리스트교를 공인한다. 또한 수도를 옮겨 전제 군주 체제를 강화하는 등 제국의 중흥을 꾀하였다. 그러나 제국은 끝내 동·서로 분열되었고, 서로마제국은 게르만 민족의 본격적인 침입으로 476년에 멸망하고 만다. 동로마 제국은 그 후로도 1000여 년간 유럽의 방파제 구실을 하다가 1453년에 오스만튀르크에게 망하게 된다.

한편 크리스트교가 공인받은 후 392년 테오도시우스(Theodosius) 황제 시대에 크리스트교는 로마의 국교가 되어 세계의 3대 종교로의 발전을 꾀하게 되었다. 또한 크리스트교는 로마제국의 광활한 영토에 널리 보급됨에 따라 서양의 역사의식에 새로운 기원(紀元)을 마련하게 된다. 즉 기독교적인 관점의 도입으로 서양 역사의식의 변혁이 일어나게 된 것이다.

로마 말기 성 아우구스티누스(St. Augustinus)는 『신국론(神國論)』에서 새로운 역사관을 제시하였다. 그에 의하면 인류의 역사는 신의 섭리가 이루어지는 과정이라는 것이다. 이러한 내용의 그의 역사철학이 명시화되어 기독교적인 세계관이 구체화 되었다.

그는 신국론에서 인간의 세계는 자연계의 유전(流轉)과 같이 무목적적인 순환의 과정을 밟는 것이 아니라 하나의 목적을 향해 불가역적(不可逆的)인 과정을 밟는 것으로서, 신이 세계의 창조자이며 역사시간도 세계와 더불어 창조된 것이라고 주장하였다. 또한 세계 역사는 예수의 생애 속에 인간생활의 궁극적인 가치를 둔 기독교라는 종교에 입각한 세계사상의 형성과정이라고 하였다. 즉 역사란 예수의 생애와 죽음, 그리고 부활을 신앙으로 삼는 자와 믿지 않는 자와의 투쟁의 과정이며 그 과정은 최후의 심판의 날을 향하여 진행하는 것이고, 그 심판에 의해 '신의 나라'가 실현됨으로서 인류의 역사는 종말을 본다는 것이 신국론의 입장인 것이다. 역사를 움직이는 것은 신앙의 힘이라는 것이 그 골자이다.

아우구스티누스의 입장에 따르면 인간은 신의 의도를 실현하기 위해서 시의(時宜)에 맞추어 각기 필요한 특성을 지니고 태어난다. 이것은 한 인간에 있어서 뿐만 아니라 초(超) 개인적인 역사적 존재, 즉 국가나 민족에게도 적용된다. 어떠한 역사적 존재도 신의 의도를 실현하기 위해 한 시점에 나타나서 일정한 기능을 수행하고 나면 과거 속으로 매몰되어 가는 것이다. 이런 입장에서 보면 로마제국도 영원한 존재가 아니다.

기독교의 관점에서는 특권민족(선민사상-elite)[7] , 특권 사회란 있을 수 없다. 신 앞에 모두가 평등하다. 또한 이 관점에서는 모든 민족, 모든 인간이 포함되며 어떠한 과정이나 경우도 똑같이 전체의 한 부분일 수밖에 없다. 이러한 기독교적 사관은, 그 이전의 역사가들이 자기의 민족만을 중심으로 자기가 실존하던 시대를 역사로 취급하고 파악했던 것과 비교할 때, 그 서술 범위에 있어서 그 대상범위를 창세기로부터 자기의 시대까지를 포함한, 실로 웅대한 역사관이라 할 수 있다.

기독교적 사관은 비록 역사의 구체적 사실에 근거한 사관이 아니라 신앙적 · 도덕적 논거에 기초한 입장이었지만, 처음으로 역사를 하나의 목적을 향해 통일적 전체로서 이해한 역사관이 제시된 것이라는 점에서 특징과 의의가 있는 사관이라 할 수 있다. 기독교적 역사관의 특징과 후대 연구에 대한 그 영향을 몇 가지 요약해 본다면 다음과 같다.

첫째, 기독교적 역사관은 최초의 목적론적 역사관이다. 그 특징은 인류의 역사가 무목적의 순환의 과정이 아니라 목적을 향한 진행과정이라는 것, 풀어 말하면 종교적 관점에 국한된 것이긴 하지만, 인류의 시원(始源)과 천지창조로부터 시작하여 자신의 당대에 이르기까지 역사적 세계의 전체를 하나의 시간적 계열 상의 진행과정으로서 끝내 인류는 최후의 심판에 의해 '신의

7) 선민사상이란 신으로부터 선택받은 민족이라는 믿음을 갖고 있는 이스라엘인의 민족관념을 말한다. 이 사상은 BC 586년 유대 왕국이 신 바빌로니아에게 정복당해 바빌로니아(바빌로니아 유수)로 잡혀가 고통받던 시기에 형성된 메시아 신앙과 함께 갖게 된 사상이다.

나라'가 실현됨으로써 그 역사가 끝난다는 것이다. 이 사관에 따르면 역사는 시작이 있고 끝이 있다.

둘째, 기독교적 역사관에서부터 역사를 하나의 통일적 전체로서 서술 · 파악하는 시도가 이루어졌다. 오늘날의 "인류 세계사"라는 관점과 서술을 가능케 한 것도 기독교적 역사관에서 시작되었다고 할 수 있다. 당대 이전의 고대 역사 서술은 동시대(同時代)의 역사서술이었고, 기껏해야 3, 4 세대를 소급하여 서술했을 정도였다. 예를 들어 폴리비우스(Polybius)와 리비우스(Lybius)의 ≪로마사≫ 등도 겨우 로마 국가의 기원 정도를 탐구했을 뿐이었다. 그러나 기독교적 사관은 역사의 모든 사상(事象)을 장대한 하나의 역사과정 상에서 각각의 시점에 위치시켜 고찰하였다. 이 영향으로 인하여 비로소 소위 '원근법적(遠近法的) 시각'에 의한 고찰에 의한 '세계'라는 관념을 갖게 되었다고 할 수 있다.

셋째로, 기독교적 역사관에서는 인간의 세계(世上事)가 대립투쟁의 과정이라고 설정하고 있다는 것도 중요한 특징이다. 인류의 역사를 '신앙인'과 '비신앙인', 또는 '신의 나라'와 '지상의 나라' 등의 대립으로 보는 기독교적 역사관은 그다음의 18세기 계몽주의(啓蒙主義) 역사관의 원형(proto-type)이 되었다. 역사는 문명과 야만의 대립으로 보고 전자(前者)가 승리를 거둔다는 관점이 계몽주의 역사관이다.

넷째, 각 역사시대의 가치적 상승이 이루어진다는 관점 또한 기독교적 역사관의 중요 특징이다. 소위 문명의 승리라는 진보의 이념 및 그 관점은 이 기독교적 역사관에 그 근거를 두고 있는 것이다.

앞에서 설명한 바와 같이 크리스트교의 성립과 더불어 기존의 광범위한 로마제국영역에 널리 보급되어 기독교적인 관점이 확립되고, 이에 따라 기독교적 역사관은 유럽 사상계에 역사의식의 변혁을 일으켜 역사에 대한 새로운 이해의 시각과 방법을 제시하는 데에 큰 기여를 하였다.

하지만 상술한 바와 같이 기독교적 역사관은 구체적 · 역사적 사실에 대한 연구의 결실이 아니며, 종교 철학적인 관점이고, 그리하여 이른바 '역사 신학'이라 할 것이다. 즉, 이성보다는 신앙이 우선시된 생각에서 비롯된 것이어서 종교 철학의 범주를 벗어날 수 없었다는 한계점은 분명하다. 그러나 이는 그 후 서양에 있어서 근대적 사유(思惟)의 골격이 되었고, 근대적 사상 진전에 끼친 영향은 실로 지대하였다고 볼 수 있다.

여기서 이제 필자는 간략하게나마 중세 사회의 특징을 정리해 봄으로써 다음에 제시될 근대적 역사의식의 변혁에 접근해 볼까 한다.

요컨대 중세 유럽 사회란 봉건제도와 기독교로 특징지을 수 있다, 특히 기독교는 로마제국에서 국교가 된 이래 기독교적 사관의 확립과 함께 유럽인의 정신적 지주가 되었을 뿐 아니라 그 권위는 절대적이어서 세속적 권력의 세계에까지 개입하여 지배 · 군림하게 되었다. 그리하여 기독교를 주관하는 로마 교회의 교황은 1077년 카놋사의 굴욕 사건에서 볼 수 있듯이, 그 위세가 세속 군주의 파문을 야기할 정도로 세력이 강력했다.

하지만 이에 따라 성직 매매를 비롯한 면죄부 판매, 승려들의 위선 행위, 부패, 타락 현상이 빈번히 일어나게 되었다. 더구나 11, 12세기에 걸친 상공업 도시의 발달과 더불어 봉건제도의 근간인 장원이 해체되어 농노들이 해방되었다. 이어서 14세기에는 흑사병이 전 유럽을 휩쓸어 당시 유럽 인구의 1/3이 희생될 정도로 인구가 급감하는 등, 노동력이 크게 감소하였고 이로 인해 봉건제도는 붕괴되었다. 이런 상황에서 11-13세기에 교황의 제창으로 전개된 십자군의 원정은 실패로 끝나고 만다.

이와 같은 봉건제도의 붕괴와 십자군 원정의 실패는 교황권 및 봉건제후와 기사들의 세력이 쇠퇴하는 결과를 가져온 반면 세속군주의 세력은 강화하는 계기를 마련하였다. 그리하여 1209년에는 교황이 프랑스 왕에게 체포 구금당하는 일까지 발생한다. 이것이 아비뇽 유수(Avignonese Captivity)이다. 이러한 교황청의 권위와 신뢰감의 상실은 끝내 교회의 분열을 초래하게 되고, 이에 교회의 개혁을 요구하는 움직임이 일어나게 되었다.

중세 1,000년 동안에는 로마 교회의 권위에 눌려 모든 학문이 신학의 시녀 위치에 매여 있었다. 물론 12세기경에는 아우구스티누(Augustinus)의 교부철학을 기초로 하여 토마스 아퀴나스(Thomas Aquinas)가 그리스의 아리스토텔레스 철학을 기독교 사상과 조화시켰고, 그 이론적 틀 안에서 이성(理性)과 신앙, 즉 인간과 신을 훌륭하게 통일시켜 이성에 의한 진실의 깨우침이 하나님의 계시에 의한 깨우침과 일치할 수 있다 하였다(스콜라

철학). 즉 하나님을 믿는 것이 선(善)으로 가는 길이라 하여 인간과 신의 조화를 꾀하였던 것이다. 그러나 철학으로 신앙을 대체할 수 없는 것이며 신앙의 진리는 인간의 마음을 초월하는 것이라 하여 철학은 신학의 시녀인 한에서 진리일 수 있다고 강조하였다. 따라서 그의 신학체계는 인간의 독자적인 의의를 부정하는 것이었다.

중세 시기의 학문과 예술은 어디까지나 신앙에 봉사하는 것이어야 했다. 성서의 권위에 어긋나는 인간의 행위나 사상은 허용되지 않았다. 따라서 자연이나 역사의 이해에 있어서도 그 인식의 보증을 성서나 교회에서 구하였고, 그것에 의해서 해석된 바에 따라야만 했다.

그러나 중세 말 교황권의 쇠퇴와 봉건사회의 붕괴, 상공업 도시의 발흥 등, 급격한 사회변동은 인간의 사고와 감성에도 큰 변화를 가져왔다. 14-16세기에 걸쳐 일어난 이탈리아 르네상스, 16세기 독일에서 비롯된 종교개혁, 15세기 초에 포르투갈에서부터 시작된 신항로의 발견 등은 유럽 사회 전반과 경제에 큰 변화를 초래하였던 것이다.

르네상스 운동은 종래의 모든 권위와 인습에서 벗어나 인간의 독자적 가치와 개성을 존중하고 내세적인 것보다 현세에서의 인간의 감성을 중시하려는 휴머니즘에 있었다. 그리하여 인간 스스로의 능력으로 인간과 자연을 발견하여 새로운 세계관을 확립하려는 정신으로서 근대 의식과 문화 성립의 초석이 되었다.

종교개혁은 "마르틴 루터"라는 독일 성직자의 면죄부 판매의 부당함을 지적한 소위 '95개 조의 반박문'이라는 발표문이 발단이 되어 시작되었다. 이 개혁은 각지에 확산되어 유럽 전역에 신교주의(protestant) 운동으로 전개되었는데, 이는 종교적 차원을 넘어 사회적으로 확대되기에 이른다. 시대의 새 판(format)을 짜는 신호였다. 즉 리포메이션(reformation, 개혁)이라 하는 것이다.

이에 더하여 신항로의 발견은 유럽인의 시야를 넓히고 중세의 신 중심의 세계관에서 탈피하여 자아의 발견과 더불어 새로운 세계관의 정립(지구 구형설의 증명, 식민주의와 제국주의의 등장 등)을 보게 되는 또 다른 계기가 된다.

이러한 정신운동과 종교적 · 사회적 변혁, 지리적 시야의 확대를 계기로 종래의 성서 및 교회의 전지전능의 권위와 그 작용이 부정되면서 자연과 역사의 이해에 있어서도 그 인식의 보증을 다른 것에서 찾을 수밖에 없게 되었다. 그러기에 17세기 최대의 과제는 진리를 증명할 수 있는 방법의 수립이었던 것이다.

이러한 시기에 섬나라인 영국의 철학자 베이컨(F. Bacon)은 실험과 관찰을 중시하여 이에 의한 경험적 사실을 존중하는, 이른바 귀납법(歸納法)을 제시 · 사용함으로써 근대과학의 방법을 확립하였다. 이와 거의 동시에 프랑스의 철학자 데카르트(Decartes)는 "나는 생각한다, 고로 나는 존재한다"라는 명제(命題)를 내세워 유럽 대륙의 합리론(合理論)을 체계화하였다.

특히 데카르트 철학의 기초는 먼저 모든 것을 의심해 보고 달려들되, '자기가 의심하고 있다는 것은 의심할 수 없는 진실이다'라고 확인한 후에 시작하라는 것이었다. 데카르트의 생각에 따르면 학적 지식은 확실하게 증명될 수 있는 것을 기초로 삼아야 하는데, 그러기 위해서는 일체의 선입견(先入見)과 장래의 의혹을 배제할 필요가 있다. 그리하여 조금이라도 의심할 여지가 있는 모든 견해는 거부해야 한다. 그런데 모든 것을 의심하더라도 의심하며 생각하고 있는 '나'라는 존재만큼은 의심할 수 없다는 것이다. 따라서 세상을 새로 알고자 탐구하는 첫 출발은 '생각하는 나'로부터 시작하여야 한다는 것이다. 이는 근대의식의 선언이었고 중세의 울타리를 벗어난 최초의 근대사상이라고 할 수 있다. 계곡의 물은 마시는 자의 것이지 더 이상 신(God)이나 영주의 것이 아닌 것이다. 이제 인간은 스스로의 힘으로 진리를 발견할 수 있는 길을 찾아 나선 것이다.

폴란드의 코페르니쿠스(Copernicus)는 당시 교회에서 공인된 프톨레마이오스(Ptolomaios)의 지구 중심의 천동설을 부정하고 '생각의 틀을 깨라'하며 태양 중심의 지동설을 주장하였다. 그의 지동설은 이탈리아의 갈릴레이(Galileo Galilei)와 행성(行星)의 운동 법칙(The Laws of Planetary Motion)을 발견한 독일의 케플러(Kepler)에 의해 계승 · 발전되었다. 특히 자신이 개량한 망원경으로 관측한 갈릴레이는 '과학의 실제는 자신의 눈으로 본다는 것이 가장 훌륭한 증거이다'라고 하였다. 자연세계에 대한 이러한 과학적 방법의 발전은 마침내 18세기 영국의 뉴턴(Newton)에 의해 완성된다.

한편 지동설과 관련하여 한 가지 설명을 덧붙이자면, 중세 지식인들은 지구가 둥근 공 모양이라고 대부분 믿고 있었다 하며 이미 고대 그리스시대 이래 식자층에서는 상식으로 통하고 있었다 한다.[8] 흔히 중세인들은 지구가 평평한 원판 모양이고 바다를 향해 가면 세계의 끝에서 폭포처럼 떨어지게 되어 있다고 믿고 있었다고 생각한다. 하지만 이 이야기는 19세기(1828) 미국 작가 워싱턴 어빙(Washington Irving)에 의해 주장된 신화이다. 그가 이 이야기를 지어낸 까닭은 콜럼버스의 공로를 더욱 빛나게 하게 위해서였다고 한다.

코페르니쿠스 갈릴레이, 케플러, 뉴턴의 자연법칙의 발견은 곧 깨달음의 시대가 도래했음을 의미하는 것이었다. 중세의 어두운 터널 속에 갇혀있던 인간 이성이 빛을 보게 된 것이다. 그리하여 18세기에 들어서면서 신앙보다는 인간의 이성을 만능시하는 계몽주의 시대가 열리게 되었다.

이와 같은 변화는 역사에 대한 인식에도 영향을 미쳤다. 상술한 바와 같은 자연세계 속에 변화의 법칙이 있듯이, 인간의 세계에도 인간이 알아낼 수 있는 법칙이 있을 것이라는 확신을 얻게 되면서 역사학의 자립(自立)의 단서가 열리게 된 것이다.

17세기 자연과학의 전개는 이성의 시대인 18세기 계몽주의 시대로의 길로 인도하였다. 역사를 만드는 주체는 인간이며 따라서 모든 인간이야말로 역사를 이해할 수 있다는 관념이 세워진 것이다. 인간의 이성의 힘으로 인간 사회를 개조 · 진보시킬

8) 村川堅太郎 外 共編, 『史料 世界史』 下, 山川出版社, 1971. pp.10-11. S.C. Eastern, 『The Western Heritage』 (Holt Rineheart and winston, 1961, p. 464..

수 있다고 믿었고, 그런 지적인 힘의 작용으로 진보가 가능하리라고 믿었다.

프랑스의 몽테스키외(Montesquieu)는 풍토이론(風土理論)[9]을 내세워 역사 사실의 인과관계(因果關係)를 밝혀 역사의 법칙을 찾는 단서를 열어 놓았다.

풍토이론이란 몽테스키외가 그의 저서 『법의 정신』에서 인간 생활은 그 지리적 환경, 특히 기후에 의해 제약을 받는다고 주장한 이론이다. 예를 들면 추운 지방의 인간은 기질이 용감하고 더운 기후에서 사는 인간은 대체로 나약하다는 것이다. 따라서 아시아는 추운 지역과 더운 지역이 서로 접촉되어 있어 강한 국민과 약한 국민이 대치하고 있다. 후자는 전자에게 용이하게 정복당하기 때문에 전제주의(專制主義)가 일찍이 생겨나고 유럽은 온대지역이 널리 퍼져 있어 동등한 용기를 가진 민족들이 상접해 있어서 자유가 일찍이 보존될 수 있었다는 것이다. 그의 이른바 풍토이론의 소박성이 지적될 수 있으나 역사의 법칙적 파악의 단서가 되는 하나의 예라 할 수 있다.

이러한 계몽주의 사상가들에 의해 진보의 개념이 정립(定立)을 보게 되는데, 그 대표적인 예로서 프랑스의 콩도르세에 의해 인류의 낙천적인 진보사상이 대두되게 된다.

그의 스승이자, 프랑스 혁명 당시 재무장관이었던 튀르고(Turgot)에 의하면 진보라는 것은 개개인이 능력을 발휘함으로써 나타나는 구체적 결과이다. 따라서 그것들은 공통의 자산이 되어 세대에서 세대로 이어져 계승되기 때문에 정체(停滯)는 있을 수 없다. 르네상스나 종교개혁 이후 학자들의 태도에서 규정

9) Charles De Montesquieu, 『The Spirit of Laws』, Prometheus Books, 2002, p. 221.

되었던 암흑시대라는 중세도 정체되어 있던 시대가 아니라 서서히 개선이 진행되고 있었다고 튀르고는 주장했다. 그의 진보 관념은 생전에 그를 존경하던 그의 제자 콩도르세에 의해 계승되어 널리 보급되었다.

그는 프랑스 혁명 당시 진보 사상가로서 혁명에 가담하여 온건파에 속해있던 인물이었다. 그는 루이 16세의 사형을 반대하게 되면서부터 로베스피에르르(Robespierre) 등 급진세력인 쟈코방당에 의해 반동세력으로 몰려 8개월 동안 도피생활로 전전했으나 그 와중에도 인류의 낙관론을 글로 펴냈다. 후에 체포되자 지니고 있던 아편으로 자살하고 말았다. 죽음을 앞에 둔 어두운 도피생활에서 인류의 밝은 미래를 읊었다는 것은 어찌 보면 역사의 아이러니가 아닐 수 없다. 개인의 불행과 고통, 외롭고 삭막함이 오히려 시대의 빛과 꿈을 제시하고 싶은 갈망을 갖게 하는 것은 아닐는지. 불후의 명저들의 탄생의 배경을 보면 생명이 위협받는 위기와 고난 속에서도 미래의 낙관과 희망을 펴내고 있는 것을 본다. 동서고금의 명저인 중국 한나라 때 사마천의 옥중서 ≪사기(史記)≫, 베트남의 혁명가 호지명의 『옥중일기』, 인도 네루의 『세계사』, 영국의 토마스 모아(Thomas more)가 반역죄로 몰려 옥에 갇혀 있으면서 이상향을 그린 『유토피아』, “Home Sweet Home”의 작사자 또한 가정 한번 못 가져 본, 집 없는 거리의 유랑자였다는 등이 그 대표적인 예이다. 그중 네루의 저서는 후에 대통령이 된 딸 간디에게 쓴 편지가 책으로 편찬된 것이었다.

콩도르세는 그의 저서 『Marquis de Condorcer; Esquisse d'un taleau historique des progrès de l'esprit humain』(장세룡 옮김, 『마르퀴 드 콩도르세 인간 정신의 진보에 관한 역사적 개요』, 책세상, 2007)의 서두에서 “자연은 우리 인간 능력의 완성에 대해서 어떠한 조건이나 한계를 붙이지도 않는다고 하면서 인간의 완전해질 가능성은 실로 무한하다는 것이고, 이러한 완성 가능성의 진보는 금후 이것을 저지하려는 모든 힘으로부터 독립된 것이라고 하였다. … 물론 인간 정신의 진보의 속도에는 정도의 차이는 있을 것이나 적어도 이 지구가 우주계 안에서 동일한 위치를 점하고 있든가 또는 이 우주계의 일반적 법칙이 전반적으로 전도되지 않는 한 인류는 결코 퇴보하지 않을 것이고… 물리적 진화가 거스르지 않는 한 인간의 평균 수명이 끊임없이 연장될 수 있다”라고 하였다.

콩도르세에 의하면 인간정신의 진보는 사회적 통합을 이루고 있는 여러 개인의 능력이 전개된 결과로서 나타나는 것인데, 각 순간순간마다 나타나는 결과는 앞의 순간에 제시된 결과에 의존할 것이고 뒤에 계속될 시간의 결과에 영향을 주는 것이다. 그리하여 어떠한 시대도 그 앞의 시대를 완전히 능가한다. 즉 콩도르세는 역사가 '일진선 상의 진보'라고 주장하는 소박하고 낙천적인 진보이론을 제시한 것이다.

이러한 콩도르세의 소박한 역사관을 변증법적(辨證法的)인 진행과정의 차원으로 올려놓은 것이 헤겔(Hegel)이었다.

다. 관념주의적 역사관- 헤겔(Hegel)의 변증법

> 우리는 같은 강물에 두 번 발을 담글 수 없다. 만물은 유전한다.
> (We step and do not step into the same rivers. Everything is in a state of flux)
> - 헤라클레이토스

헤겔은 정신과 이념(理念)의 작용을 통해 역사 진행을 파악하고자 하는 사고방식을 제시하였다. 이것은 19세기 초 낭만주의 시대에 형성된 독일철학의 근본 토대가 된 이론이다.

헤겔은 모든 존재의 근원에는 물질이 아닌 관념적인 절대이념이 있다고 믿었다. 헤겔은 이 절대관념을 이데아(Idea) 또는 로고스(Logos)라고 하였다. 그에 따르면 이 이념은 정적(靜的)인 것이 아니라 동적(動的)인 것이어서 끊임없이 변천한다. 그리하여 역사로 말하면 그 속에는 하나의 정신, 즉 절대 이념이 지배하고 있다고 하고, 이 이념은 초시간적으로 논리적으로 진행해 가는데, 그 발전의 법칙을 "변증법(Dialectics)"이라 하였다.

헤겔에 따르면 이 발전법칙, 또는 발전방법은 정(正-命題), 반(反-反對命題), 합(合-綜合命題)의 3단계를 거쳐 전개되며, 발전을 되풀이하며 전개되어 나간다. 그래서 이를 "대립통합의 이론"이라고도 한다. 여기서 정의 단계란 그 자신 속에 실은 모순을 포함하고 있음에도 그것을 알아채지 못하고 있는 단계이며, 반의 단계란 그 모순이 자각되어 밖으로 드러나는 단계이다. 한편 합의 단계란 두 모순이 대립 길항(拮抗)하다가 통합의 단계로 진전되어 나가는 단계이다. 이러한 단계적 전개는 되풀이되면서 이 세상의 존재하는 모든 것은 이 과정을 거쳐 진보한다고 헤겔은 보았다.

그는 이를 역사 자체의 발전에도 적용하여 그 변증법적 이념론에 입각한 세계사론을 펼치고 있다. 그의 세계사는 너무나 깨끗하고 정연한 자기 완결적인 논리구조이기 때문에 사실이 논리에 맞추어 재단(裁斷)되어, 여기에서 넘치고 처지는 것은 무시되는 결과를 낳아서, 이른바 "사실에의 폭행"이라는 비난을 받기도 한다. 그의 발전설에서는 이념이 발전 도상에서 때때로 다른 민족(또는 인물)에 옮겨가며 기숙(寄宿)한다는 형식을 갖는 것이어서 이념이 떠나버린 민족은 영구히 역사를 버림받는 존재가 되어 버린다. 이러한 역사이념론은 그 초월적인 형이상학적 성격 때문에 비난받기도 하지만 그의 역사이론은 후세 사가(史家)나 식자들의 흥미와 관심을 끌었으며 역사해석에도 적지 않게 인용되면서 큰 영향을 미쳤다.

예를 들면 "이성의 교지(理性의 狡智, 또는 奸計: List der Vernunft)"라는 개념으로 역사를 해석하고 설명함에 있어 자주 인용 · 회자되기도 한다. 즉 모든 종의 근원에는 궁극적으로 이성이 실재(實在)하고 있는데 이성은 이 세계에 단지 내재하고만 있는 것이 아니라 때와 더불어 스스로 드러내 보이기도 한다는 것이다(顯在化). 그때에는 '정신'이라는 것으로 나타난다. 정신은 스스로에 의해 있는 것이기 때문에 '자유'라고 바꿔 말할 수 있다. 그러므로 정신의 실체(實體)는 자유이다. 즉 보이지 않는 '나'라는 정신은 자유라는 의미이다.

이러한 정신은 인간 의식을 통해서가 아니면 자기를 나타낼 수 없는 것이기 때문에 나타내 보일 때는 언제나 현실의 개인을 통해 나타난다. 왜냐하면 역사의 흐름은 강력한 개성이 규정지어주는 것이기 때문이다. 이러해서 역사가 만들어지는 계기가 된다. 따라서 이성이 한 사람의 뛰어난 지도적 인물을 골라서 그의 영웅적 이기심(명예욕, 권세욕 등)을 이용해서 자기의 목적을 이루어 나간다. 때문에 영웅은 세계정신에 춤추는 꼭두각시에 지나지 않는다. 영웅은 자기의 욕망을 이루려고 날뛰지만 실은 이성에 속아 자기도 모르는 사이에 보편적 목적을 실현해 나가고 있는 것이다.

알렉산더 대왕은 동방 원정 끝에 아시아, 유럽 대륙에 걸치는 대제국을 건설하여 그리스 문화의 세계화(헬레니즘 시대의 실현)를 이루고 나서 젊은 나이에 죽고 역사 무대에서 사라진다. 나폴레옹은 여러 정복 전쟁의 승리로 명성을 얻어 황제로 등극하게 되고 그에 의한 나폴레옹 전쟁은 프랑스 혁명 정신을 유럽 여러 나라에 파급되어, 국가는 왕이나 왕실의 것이 아니라 국민의 것이라는 자유주의적 국민주의 운동을 자극하여 민족주의가 크게 발현하게 된다. 그의 집요한 명예욕은 엘바섬으로 유배됨으로써 끝난다.

이성의 교지에 따르면 이것은 역사의 필연이었다는 것이다. 나폴레옹은 근대화라든가 공화정의 심볼이 아니라 전 근대적인 전제군주가 되려고 한 일개(一介) 폭군에 지나지 않았다. 그렇기 때문에 그의 의도와는 달리 결과적으로 역사는 오히려 근대화의 방향으로 향하게 되었다. 이는 역사의 수수께끼이지만 그 수수께끼를 헤겔은 '이성의 교지'라는 논리로 해결해 내려고 한 것이다. 헤겔은 이것이 신의 섭리와도 통한다고 하였다. 적지 않은 역사철학자들이 이론을 여러 비난 속에서도 받아들이고 있는 것도 사실이다. 역사를 이해하는 데 있어서 이 논리를 적용하면 곧잘 설명되기 때문이기도 하려니와 이에 대신할 만한 것이 아직 없기 때문이라고들 한다. 아마도 세계사의 궁극적 목표와 구체적인 현실을 조화시키기 위해 이 개념을 도입해 본 것이 아닌가 하는 견해도 있다.[10]

이는 그의 역사·철학에서 많은 논란이 생겨나는 이유이기도 하다. 요컨대 그의 역사 발전 단계설을 요약해 보면, 역사는 절대 이념의 자기 현현(顯現-실현)의 과정으로서 인간의 자유의 발전을 의미하는 것이다. 헤겔에 따르면 세계 역사란 절대 이념

10) G.W.F. Hegel, 『The Philosophy of History』, translated by J.Sibree (Greatbook in Philosophy, Prometheus Books, 1991, pp. 456-457) 田中美知太郎, 『歷史理論と歷史哲學』, 人文書院, 1964 참고.

또는 정신이 그 자신의 본래의 모습을 알기 위해 노력해 나가는 과정에서 그 상태를 보여주고 있는 것이라고 말할 수 있다. 그는 그의 이론을 인류역사에 적용시켜 다음과 같이 단계설을 예시하고 있다.

위에서 말한 바와 같이 그 이념은 그 실현의 과정에서 지구상의 다른 지역, 다른 민족에게 기숙해 가며, 이른바 이성의 태양이 동쪽에서 천천히 서쪽으로 움직이듯이, 차례차례 단계적으로 행해진다고 하였다. 첫 단계는 동양 세계(중국, 페르시아인들의 세계)의 전제주의 시대이다. 이 시기는 군주 한 사람만이 자유로운 시기이다. 다음 단계인 그리스와 로마 시대에 와서는 약간 인의 자유가 허용되는 시대이다. 하지만 자유의 차원은 노예제도에 의존하고 있는 시기에 해당한다. 이때문에 다음 단계인 게르만 세계로 진전되어 모든 인간이 인간으로서의 자유를 알게 된다.

이런 생각은 로마 시대 말기에 국교화된 기독교를 유산으로 받아 전파함으로써 자유의식이 싹이 터 인간 정신이 자유롭다는 원리를 알게 된다는 것을 전제한다. 다시 말해 헤겔의 역사관은, 정신의 자유가 근대 독일의 시점에서 인간의 가장 고유한 본성이 된다는 의식에 도달했으며, 역사발전에서의 그다음의 과제는 이 자유의 원리를 속계(俗界)에 적용시켜 어떻게 세속적 형태를 형성시켜 나가느냐 하는 것이라고 말한다.

이리하여 헤겔은 세계사가 자유의식의 변증법적인 진보의 과정이라고 결론지었다.[11] 이런 헤겔의 관념 사관은 기독교 종말론에서 신의 섭리 대신에 그 자리에 이성으로 대체시켜, 역사를 선험적으로 구성된 길을 따라가는 것이라고 하겠다.

이러한 그의 주장은 역사적 사실을 이데올로기적으로 합리화시키는 논리이며, 그가 내세운 「이성의 교재」라는 것도 신의 섭리와 통하는 것이라고 한다든가, 또 자유의 진보는 변증법적으로 발전하는데 그 목표는 자기 조국인 프로이센 국가에서 만개되는 것이라고 하는 주장 등은 곧 자기 논리에 맞추어 재단하는 것이라 할 수 있는 것이어서 이 점에서 학자들의 비판을 면치 못하였던 것이다.

11) G.W.F. Hegel, 위의 책, pp.12-42.

라. 마르크스(Karl Marx)의 유물사관(唯物史觀)

> 세상에 한 가지 사상만이 있다고 믿는 것처럼 위험한 것은 없다.

상술한 헤겔(Hegel)의 역사관은 모든 존재의 근원에는 물질이 아닌 관념적인 것이 존재한다는 가정이 깔려있다. 우리가 생각하는 '물질'조차도 물질에 대한 관념(Das Idee)의 존재에 의존하며(즉, '이것이 물질이다'라는 생각이 없다면 물질에 대해서 우리가 알 수 없고, 그래서 물질은 우리에 대해서 존재하지 않게 된다), 그것은 정신, 영혼, 의지(意志) 등의 복합물로서 인간에 대해서 세계의 근거이자 조건으로서 존재한다. 이것이 헤겔 사상의 기반이 되는 형이상학적 전제이다. 또한 헤겔의 역사철학은 반신학적(半神學的)이고 반세속적(半世俗的)인 중간적 위치에서 전개된 이론이다. 역사철학으로서의 헤겔 사상이 갖는 한계점은 바로 여기에 있다고 비판된다.

헤겔의 이러한 관념주의적 형식과 내용을 극복하려는 시도의 맥락에서 마르크스(K. Marx)의 사상이 성립된 것으로 이해될 수 있다. 마르크스는 서재혁명가(study revolutionist)로서 세기(世紀)의 혁명사상가라고 할 수 있다. 마르크스는 "공산당 선언문"의 서문에서 '공산주의라는 유령'이라는 표현을 썼는데, 그 표현대로 그의 사상인 "공산주의"라는 유령이 20세기에 들어서면서 지구 상의 절반을 휘감고 설쳤다.

그가 활동한 19세기는 프랑스 혁명, 산업혁명의 여파로 유럽 사회가 사회적 · 경제적으로 혼란한 시기였다. 그는 키가 작고 피부는 검으며 눈은 움푹 패인 수염 덥수룩한 사람이었다. 그는 선동가였지만 삶의 많은 시간을 영국 박물관 열람실에서 학자처럼 정적에 쌓여 살았다. 사교와 연회를 좋아했지만 모든 친구들과 불화를 일으켰던 사람, 튜턴(Teuton)식 영어 발음을 평생 못 고쳐 "Shock"를 "촉크"라고 발음했던, 어학에는 둔한 편이었던 것 같지만 예나대학 시절에는 강의 한번 듣지 않았어도 박사학위를 따낸 수재였다.

신문 편집인, 기자 생활로 활약하면서 능력을 인정받았으나 그의 혁명적이고 비판적인 성향 때문에 거듭 추방당한 끝에 런던에 자리를 잡았다. 그러나 '못으로 박지 않은 모든 것'을 전당포에 맡겨야 할 정도로 궁핍을 면치 못했으며 1844년에 파리에서 만나 평생 뜻 맞는 동지로서 함께했던 엥겔스(Engels)의 도움으로 생계를 이어갈 정도였다. 가족에는 헌신적이었지만 하녀 헬렌을 임신시킨 그였다. 매우 진지한 철학자였지만 술과 담배와 농담을 좋아하는 낙천가였다. 탕자처럼 여기던 아들에게 그의 어머니는 "자본에 대해 쓰지 말고 자본(돈)을 좀 모았으면 좋겠구나" 하였다 한다. 그는 가난 속에서 『자본론』을 썼으나 1권에 그쳤으며 나머지 2,3권은 엥겔스가 그의 유고를 정리하여 펴냈다.

1883년 엥겔스가 방문한 3월 14일 지병을 앓던 그는 난롯가 안락의자에서 잠들다가 숨을 거두었다. 엥겔스는 미국에 있는 동지에게 보낸 편지에 "인류는 머리 하나만큼 키가 줄었네. 그것도 우리 시대에 가장 뛰어난 머리 하나 만큼"이라고, 그가 아끼던 평생 동지였던 한 천재의 죽음을 그렇게 애도했다.[12)]

그는 1818년 라인랜드의 트리에르(Trier) 시에서 비교적 유복한 유태인 변호사 집안에서 태어났다. 본(Bonn) 대학과 베를린 대학에서 법률, 역사, 철학을 연구하였는데, 당시 특히 헤겔의 철학의 영향을 크게 받았다. 그러나 후에 헤겔의 관념론을 부인하고 유물론(唯物論)을 주장한 포이에르바하(L. Feuerbach)의 영향을 받았으며, 포이에르바하의 유물론을 헤겔의 변증법과

12) F. Wheen, 앞의 책; J. Attali, 앞의 책 참고.

결합함으로써 마르크스 자신만의 독특한 이론을 이끌어냈다.

마르크스는 인간의 모든 사유가 물질, 즉 자연의 반영에 불과한 것이라고 단정하였다. 즉 헤겔의 자유라는 '관념' 대신, 그 자리에 물질적 '생산력'을 대입시켜 유물변증법을 정립하였다. 역사는 변증법적인 물질적 진보의 과정이라는 것이 그의 결론이었다. 마르크스 사상을 역사에 적용한 한 예를 들자면 다음과 같다. 중세 유럽 봉건 사회를 변증법상 정(正)이라 할 때 반(反)에 해당하는 것이 근대 자본주의 사회가 된다. 그다음, 합(合)의 단계에서는 사회주의 사회가 도래한다고 마르크스는 생각했다. 이것이 사적유물론(史的唯物論)인데, 이른바 유물사관[13]의 공식이라 일컬어지기도 한다. 이러한 그의 이론이 구체화되고 완성되어 발표된 것이 곧 1848년의 「공산당 선언문」이다.

공산당 선언문은 마르크스가 엥겔스(Engels)과 같이 공산주의 동맹의 강령적 문서로서 작성한 것인데, 소위 마르크스주의의 기본원리를 간명하게 나타낸 대표적인 저작으로 꼽힌다. 모두 4장으로 되어 있다. 이 선언문이 발표된 1848년은 프랑스의 '2월 혁명'을 도화선으로 유럽 각국에 혁명이 번져 "혁명의 해"라고 할 만한 시기였다.

당시 유럽의 상황을 이해하기 위해 영국을 보자면, 영국은 일찍이 장원제도가 무너지면서 모직물 공업을 중심으로 근대 산업이 발달하였다. 영국에서는 목양업이 성행하여 양털생산을 목적으로 공동지나 경작지에 울타리를 둘러싸는 운동인 이른바 인클로저(Enclosure) 운동이 활발히 일어났다. 이 영향이 점차 심각해져서 18세

13) Karl Marx with F. Engels, 『The German Ideology』; Introduction to the Critique of political Economy, prometheus books(New York, 1988), pp.1-23

기에 이르러 자영농민층에 양극 분해 과정이 진행되었고 소농층은 몰락하여 다수의 농민들은 경작지를 떠나 농업 노동자가 되거나 토지에서 쫓겨나 도시의 공장노동자로 되어갔다. 더구나 기계의 발명과 계량에 의한 혁신의 여파는 종래의 가내 공업이나 수공업자들에게도 몰락을 초래하여 이들 역시 공장 노동자의 예비군이 되어갔다. 이들이 공업중심지인 신흥 공업도시로 몰려들어 대량의 프롤레타리아트를 형성하게 되는 것이다.

특히 기계의 사용은 수공업과는 달리 숙련이 필요하지 않았기 때문에 부녀자나 유년 노동자들의 고용도 가능했고 이윤 추구가 목적인 공장주 자본가는 당시의 농촌에서 공장지대로 밀려든 산업예비군을 남녀노소를 가리지 않고 싼 임금으로 부릴 수 있었던 것이다. 반면 노동자들은 값싼 임금에 장시간의 노동을 감수하며 어려운 가계를 이어갈 수밖에 없었다. 당시 영국 의회에서의 위원들의 증언을 보면 목면 공장에서 6-7세 어린이가 고용된 경우가 허다하였으며 모직물이 호황을 누릴 때에는 이들이 하루 16시간 노동을 하는 일이 다반사였다.[14] 더구나 생계가 어려워 남자도 힘든 탄광 일에도 부녀자가 적지 않았고 이로 인해 남녀 간의 풍기 문제도 심각하였다고 한다.

이러한 사회문제가 자본가와 노동자 간의 심각한 불화와 대립을 불러왔고 이런 사회 불안이 고조되는 가운데 발표된 것이 「공산당 선언문」 이었다. 마르크스의 이 선언문은 특히 노동자들에게 계급적 자각의식을 불러일으켰다. 그는 자본주의의 필연적 몰락을 예언하며 다음과 같은 문구로 노동자들을 부추기며 선동했다.

"자본은 머리에서 발끝까지 구멍이란 구멍에서 피와 오물을 내뿜으며 태어난다."

"노동자여 그대들이 잃을 것이라곤 억압의 쇠사슬뿐, 성공하면 세상을 얻으리라"[15]

공산당 선언문의 내용은 사회발전사를 계급투쟁의 역사로서 파악하고 자본주의 사회의 발전과정을 명시함과 동시에 부르주와의 몰락과 프롤레타리아 혁명의 승리의 불가피성을 설파하면서 노동자 계급투쟁과 국제 노동운동에 있어서의 공산주의자의

14) 村川堅太郎 等 공저, 『史料 世界史』 下巻, 山川出版社, 1971, p.116

15) Francis Wheen, 『Karl Marx』, 1999, 정영목 옮김, 『마르크스 평전』, 푸른숲, 2000; Jacques Attali, 『Karl Marx ou L'esprit du monde』, 이효숙 역, 『마르크스 평전』, 예담, 2005

역할 등을 선동적인 문구로 점철되어 있다. 이 선언문은 마르크스주의의 핵심을 전하는 공산주의자들의 고전으로서 전해지고 있다.

마르크스의 세계관에 있어서 기본적 사유방법을 칭하여 "변증법적 유물론"이라 한다. 그는 인간은 사고하기 전에 먼저 먹어야 한다(man is what he eats)는 논법을 펼쳤다. 즉 사회적 변화를 결정하는 것은 연구적 진리나 사회적 정의의 관념에서 발견할 수 있는 것이 아니라, 생산과 교환이 형식에 따라서 변화 발전한다는 것이다. 다시 말하면 물질적 생산력과 그 변화만이 역사를 움직이는 요인이자 사회 변천의 원동력이라는 입장으로서, 이에 따르면 물질적 생활의 생산양식이 사회적 · 정신적인 생활과정을 제약한다는 것이다.

그에게 결정적 영향을 끼친 포이에르바하는 물질적 조건이 존재를 결정한다고 하였다. 하지만 마르크스는 그에서 더 나아가 물질적 조건은 사회적 존재(Social being)을 결정하는 것이라 하여 포이에르바하의 이론을 사회와 결부시켰다. 시대적으로는 생산공장의 등장으로 사회계급이 종전의 왕, 귀족, 평민, 노예 등 4계급이었던 것이 자본가와 노동자 두 계급으로 단순화되었고 자본주의적 생산이 고도화되어짐에 따라 빈부의 양극화는 심해져 두 계급 간의 갈등과 대립이 격화되는 가운데 마르크스의 공산당 선언문은 노동자들의 계급의식에 불을 댕기게 되었다.

마르크스는 「공산당 선언문」에서 말했듯이 사회발전사를 계급투쟁의 역사라고 보았다. 그리고는 여기서 혁명이론을 도

출해내었으며 역사발전 단계설을 다음과 같이 제시하였다.

첫 번째 단계는 아시아적 원시 공산사회, 두 번째가 고대 노예제 사회, 세 번째가 중세 봉건사회, 네 번째가 근대 자본주의 사회, 마지막 단계가 사회주의 사회이다. 마르크스는 이들 역사의 발전단계설을 그의 사적유물론(유물사관)에 근거해서 설명하고 있는데, 사회의 발전은 경제적 요인이 변천의 원동력이 되는 것이고, 그 발전은 변증법적 법칙을 따른다는 것이다.

이러한 역사이론의 구성을 보면 헤겔의 역사이론과 비슷함을 발견할 수 있으며 그의 변증법을 그대로 활용하고 있는 것은 물론, 아우구스투스(Augustinus)의 종교사관과도 유사한 점을 지적할 수 있다.

첫째로 마르크스는 헤겔의 시대구분을 원용하여 첫 단계를 동양세계, 다음 단계로 그리스 로마 세계를 고대 노예제 사회로 보았으며, 게르만(German) 세계를 중세 봉건 사회로 단계적으로 구분하여 전개하였다. 그리고 자신의 계급투쟁의 이론인, 사회의 역사가 지배계급과 피지배계급 간의 투쟁의 과정이라는 이론은 고대 아우구스티누스의 종교사관에서의 교회(신앙인)과 세속(비신앙인)과의 투쟁의 과정이 인간의 사물의 세계라는 설과 유사함을 볼 수 있다. 오히려 인류의 역사는 계급투쟁의 역사라기보다 민족 간의 싸움의 역사라 하겠다. 더 나아가 인류의 역사가 사회주의 사회에 도달하면, 변증법이란 필연의 법칙이 소멸된다고 한다. 소위 '필연의 왕국'으로부터 '자유의 왕국'으로 들어간다는 것이다. 이 또한 기독교의 종말론(終末論)의 세속적 형태라고 해석될 수밖에 없는 것이다. 한편으로 이런 마르크스의 주장은, 변증법이 원래 영원히 되풀이 된다는 것을 전제(前提)로 한다는 생각을 스스로 부인하는 모순을 안고 있다.

이런 마르크스의 역사관은 결국 사회경제적 측면에서 본 완성과 구원의 역사관이라고 하는 점에서 학자들의 비판을 받고 있다. 그리고 또한 그의 사관이 이미 150년이 지난 과거의 유물에 불과한 낡은 사상임에도 불구하고 아직 일부 대중 간에 신봉되는 이유는 러셀(Russel) 경이 지적했듯이 그의 이론인 마르크스주의가 가진 종교성 때문이다라고 하는 비판에 주목할 필요가 있다.[16)]

마르크스의 역사관은 역사를 관찰하는 데 있어 정신적인 요소를 간과하고 있는 반면, 물질적 구조와 그 법칙적 논리만을 지나치게 강조한 문제점이 있다 하겠다.

또한 마르크스는 사회변천의 원인으로서 특히 경제적 요소를 강조한 사적 유물론에 입각한 최초의 사회주의 국가의 출현을 선진자본주의 국가에서 나타날 것이라고 예언하였으나, 그의 예측은 빗나갔다는 점도 지적해야만 한다. 사회주의 혁명은 선진국인 영국이나 프랑스가 아니라 후진국 러시아에서 시작하여 반봉건적 식민경제의 유산이 남아있는 아시아의 중국, 북한 등에서 나타났다. 그의 유물변증법의 논리적 근거가 그릇되었음을 말해주는 것이다.

마르크스는 경제가 사회의 토대라고 하여 그 기초 위에 법적,

16) B. Russell, 『The History of Western Philosophy』 (A Touchstone Book, New York, 1972), pp.789-790

정치적, 정신적인 것들이 그 위에 형성되는 것이라 하였다. 그러나 인간이 살아나가는 데 있어서 무엇보다도 크게 영향을 끼치는 것은 눈에 보이는 물질적인 것보다 보이지 않는 것, 즉 영혼, 사랑, 정(情), 믿음, 희망 등이다. 인간 행복에 있어서 이런 비물질적인 것이 차지하는 비중은 거의 절대적으로 크다. 일급 장애인이였던 어느 대학 교수는 유언에 이르기를 물질적인 돈의 힘이 아닌 희망이야말로 운명을 바꾸어 놓을 수 있는 위대한 힘이라고 하였다. 인간을 이해하기 위해서는 유물론 내지는 자연과학적인 합리주의 측면에서만 볼 것이 아니라 인간생활에 있어서 지성, 감정 그리고 의지 관념적 이상론 이같은 정신적 요소를 간과해서는 안 되는 것이다.

결론적으로 마르크스의 이론이나 사상은 위에서 지적했듯이 과학적이라기보다 그 바탕에는 종교성 내지는 관념적 이상론이 자리 잡고 있어서, 마르크스 자신이 비판해 마지않았던 공상적 이론이라고 이해될 수밖에 없다. 그리하여 마르크스주의 사상이 오히려 유토피아가 아닌 디스토피아(Dystopia, 反理想鄕) 세계로 사람들을 인도된 결과를 초래하였다고 할 수 있다.

지구 사상 처음으로 그의 주의를 채택하여 모범을 보였던 소련과 그의 위성인 동구권도 모두 해체되었다. 한편 이를 따른 중화인민 공화국은 그의 사관을 외면해 버리고 있으며, 북한은 인접한 사회주의 상전(上典)이던 중국의 기미(驥尾)에 붙어 잔명을 유지하고 있을 뿐이다. 이것이 실패로 끝난 마르크스주의의 실험의 모습이다.

이제까지 우리는 고대 로마 시대의 순환 사관을 필두로 18세기 계몽 사조(思潮) 이후 대두된 진보 사관까지를 대략적으로 개관해 보았다. 특히 18세기 자연과학적인 인식방법이 성립된 이후 이 방법을 인간의 활동 연역에도 적용하였으며, 특히 헤겔의 변증법이 제시된 이후 낙관적인 진보 사관이 팽배하게 전개되었다. 그러나 동시에 비판과 저항을 수반했음은 물론이다.

마. 실증주의와 역사관

헤겔과 마르크스의 사관은 중요한 차이점들에도 불구하고 역사가 직선적으로 발전한다는 기본 가정에 기초한다. 이런 점에서 두 사관은 모두 시간이 미래로 흐를수록 인류가 발전한다는 '진보 사관'이라고 할 수 있다.

진보 사관과는 달리 인류 미래에 대한 낙관론에 의문을 제기한 사상가로서 프랑스의 루소(Jean Jarcques Rousseau)를 들 수 있다. 그는 문명이 오히려 인류 사회를 부패와 타락으로 몰고 갔다고 통박하였다. 그러나 진보 사관에 대한 중대한 의문과 반동은 19세기 낭만주의 시대의 사관인 역사주의 사상에 의한 것이었다고 하겠다.

역사주의의 대표라고 할 랑케(Ranke)는 역사에서는 직선적 진보란 있을 수 없다고 단언하면서 뒤의 시대가 모든 이전의 시대를 능가(凌駕)하는 가장 훌륭한 시대라고 한 진보 사관을 배격하였다. 이에 따르면 어떤 시대이건 각 시대는 각기 고유의 가치를 지니는 것이며, 그 자체로서 절대적인 의미를 갖고 있는 것이고, 모든 시대는 직접 신에 속하는 것이다. 즉, 각 개인은 신(神) 앞에 평등하게 직접 관련되듯 인류의 모든 시대는 평등한 권리를 갖는 것이다.

그렇다고 해서 인류 전반을 두고 진보를 전적으로 부인한 것은 아니다.[17] 물질적 영역에서는 진보・향상을 인지할 수 있다

17) 林健太郎 編著, 『歴史とは 何にか』, 至文堂, 1971, p.116.

고 하면서 그것도 모든 물질적인 분야가 포괄적으로 동시에 나아가는 것이 아니라 분야에 따라 다르다는 것이다. 마치 하천들이 각기 특유한 방법으로 진로를 개척해 나가는 것과 같다 하였다. 그렇지만 정신적인 면에 있어서는 진보란 찾아볼 수 없다고 한다. 물론 도덕적 이념이 외연적으로 진보할 수는 있다고 하면서, 예를 들어 미술 · 문학에서 산출된 위대한 작품들이 오늘날 이전 시대보다 더 많은 대중에 의해서 감상 되고 있다고 주장할 수 있어도 그 작품을 펴낸 위대한 작가(Homeros나 Sophocles 같은) 자신이 되고자 한다는 것은 천부당만부당한 일이라고 주장한다.[18)]

또한 랑케는 상술한 바와 같이 역사상의 모든 개별적 사실은 항상 각기 위치한 시대적 차원에서 독자적 의미와 절대적 가치를 지니고 있는 것이기 때문에 차원의 고저나 가치의 우열을 둘 수 없다고 하였다. 더구나 근대에 들어와서 급격히 변화해 가는 역사적 현실을 두고 볼 때 종래에 진보 사관에서 주장하듯이 역사적 사실의 철학적 개념에 의한 선험적 구성이란 있을 수 없다. 바꾸어 말해서 역사적 사실을 선험적 원리(Apriori)에 맞추어 해석할 수 없다는 것이다. 역사는 역사 외적인 정치 · 경제적 이해나 도덕적 관심을 위한 수단이 아니라 "역사는 역사를 위해서" 연구되어야 한다는 것으로서 역사의 객관적 중립을 원칙으로 삼아야 한다는 것이다. 크로체(Croce)가 표현한 바와 같이 "랑케는 항상 철학에 대하여 그리고 특히 헤겔에 대하여 싸웠

18) 위의 책. 西川眞川 譯, Ranke 『近世史の諸時期序說』, p.113.

다. 그리하여 그는 철학이 역사가들 사이에서 지니고 있었던 신용을 잃게 하는 데 있어서 적지 않게 공헌했다. …역사는 역사이어야만 하며 결코 철학이어서는 안 된다."[19] 고 한 것이다.

그리하여 사료의 엄정한 검증을 거쳐 불편부당한 객관적 기술이 시도되어야 한다고 하였다. 객관주의 내지 사실주의는 랑케 사학(史學)의 핵심이 된다. 랑케는 사실에 대한 순수한 사랑과 신뢰가 사가들의 기본적 자질이며 사실이 진정 어떠하였는가를 밝히는 것뿐이라고 강조하였다. 또한 그는 사실로 하여금 스스로 이야기하게 하기 위하여 자기를 지워 버리고 싶다고 하였다.[20]

랑케의 위대함은 사료를 엄정하고 정확하게 검증하려고 최선을 다 한 데 있다. 그는 방대한 사료 속에 묻혀 그 속에서 사실의 진상을 파고들어 정확하게 재생하는 것을 역사연구의 최고의 법으로 삼았던 것이다. 그의 이러한 실증적 과학적 정신이 역사를 하나의 과학의 위치에 올려놓았던 것이다. 그러나 그의 이러한 학문적 태도는 프로이센 학파를 중심으로 한 여러 학파의 비판과 반발을 받게 되었다. 즉 역사의 재구성 · 재현이라는 것이 역사가의 매개 없이 가능한가, 또한 과거의 사실을 정확하게·재연(Re-enactment)한다고 하더라도 그것이 갖는 의미를 과거 스스로 드러낼 것인가가 문제인 것이다.[21]

그가 표명한 객관적 원리에 따른다면 역사는 한낱 지식의 나

19) B. Croce, 『Theory and History of Historiography』, trans. by D. Ainslie, London, 1921, pp. 289-291.
20) 길현모, 앞의 책, p.44, 재인용.
21) 차하순, 앞의 책, p.92.

열에 불과하다는 것이며, 역사가는 기록자에 지나지 않는다는 것이다. 그의 말대로 사실을 충실히 묘사한다 해도 그 사실의 원인과 결과는 사실 그 자체가 스스로 말해 주는 것이 아니라 역사가들의 논리적 추리나 지적 판단에 의해 이해가 되는 것이다. 그리하여 주관성이 배제된 역사는 지식의 주화(鑄貨)라고 비판되었다.

바. 해석학적 역사관

역사서술의 의의는 사실의 순수한 기록 그 자체가 아니라 의미의 파악에 있는 것이다.[22)]

역사의 서술은 자연과학에서와같이 자연법칙에 관련시켜 관찰된 사건의 설명과는 다르다. 인간세계는 사실의 원인과 동기발전, 그리고 이에 따른 결과가 문제 되는 것이며 이는 인간의 주관적 인식방법을 통해서 이해되는 것이다. 19세기 중엽에는 자연과학의 융성과 더불어 유물론 내지 자연과학적 합리주의가 지배적 풍조이었으나 19세기 말에 이르러 차차 인간생활에 있어서 정신적 요소에 관한 재인식의 기운이 일어났다. 즉, 인간정신에 대해 그 본질을 일면적으로 이성에서만 보는 것이 아니라, 이성·감정·의지의 결합물로 보고 그 작용을 인식하는 것이 필요하다는 것이다. 추상적 인간은 자연과학적 방법에 의해 연구될 수 있으나 구체적 인격이나 그 창조적 활동은 자연과학과는 다른 독자적인 인식방법에 의해서 파악하여야 한다는 것이며, 그 인식의 성립 근거로서 인식의 주체인 주관을 중시하는 것이었다. 이러한 역사인식의 방법론에 크게 공헌한 것은 이른바 "생(生:Leben)의 철학"이다. 생의 철학에 있어 학문적 체계를 이루어 놓은 딜타이(Dilthey)는 역사의 세계는 모든 인간에 의해서 체험되고 그 체험의 표현으로서 남아 있는 것이 사료이다. 그 사료와 나와의 사이에는 공통의 생의 관계가 존재하고 있어서 나의 생의 체험을 기초

22) 차하순, 앞의 책, pp.112-113 및 林健太郎, 앞의 책, p.191.

로 해서 나는 과거의 체험을 이해할 수 있게 된다. 이해라 함은 인간정신의 여러 작용을 들여다보는 통찰이라고 하였다. 예를 들면 체험의 표현으로서 남아 있는 사료를 해석하고 그 배후에 존재하는 과거의 체험을 이해하는 것이 중요한 일이라는 것이며 이해는 또한 다른 사람의 체험을 마치 자기 스스로가 체험한 듯이 느끼는 추체험(Nacher leben)이라고도 한다 하였다. 그리하여 역사인식이라는 것은 바로 이러한 이해 위에 성립되는 것이라고 한 것이다.

요컨대 20세기에 들어서서 역사연구는 객관성과 주관성의 대립의 문제로 집약된다 하겠는데, 점차로 객관적 중립성이 비판되면서 주관성을 보다 긍정적으로 평가하려는 경향으로 전개되었다 할 수 있다. 여기서 역사의 주관적 인식을 중요시한다는 뜻은 역사사실의 객관적 존재를 부정하지 않음은 물론이다. 객관 속에 주관이 개입됨을 말하는 것이다. 즉 주관의 객관화가 이루어져야만 사실의 이해가 가능하다는 것이다. 독 안에 들어가 있으면 독 모양을 알 수가 없는 것이다. 그리고 역사서술에 있어서 주관적 인식이 허용된다는 데에 한계가 있는 것이다. 이 점에 관해서 콜링우드(Collingwood)는 역사가의 자질이 크게 문제가 된다고 하면서 주관성을 극단으로 몰고 가면 역사는 역사가의 자의대로 이루어지기 쉽다. 소위 "가위와 풀의 역사(scissor and paste history)"가 됨을 경고하고 있는 것이다.[23)]

역사에는 이렇게 주관적 인식이 허용되기 때문에 사관의 문제가 대두되는 것이며, 그가 처해있는 세대나 시대, 개인의 인생관

23) R.G. Collingwood, 『Idea of History』, Oxford University Press, 1993, pp.274-282.

또는 그가 속해 있는 민족국가와 같은 집단의식에서 완전히 벗어날 수 없는 것이기 때문이다. 한편 과거에 대한 인식이라는 것이 현재의 구조를 밝히지 못한다면 아무런 의미가 없는 것이다. 크로체(Croce)는 현재의 의식이 역사를 만든다 하였고 "모든 역사는 현대의 역사다(All history is cotemporary)"라 하였다.[24)]

카아(Carr)는 역사란 본질적으로 현재의 눈을 통하여 그리고 현재의 문제의 관점에서 보는 데서 성립하는 것이라 하였다. 또한 역사가의 주된 임무는 기록에 있는 것이 아니라 재평가에 있는 것이라 하였다. 또한 그는 역사란 현재와 과거와의 끊임없는 대화라 하였다. 역사의 연구는 무엇이 현재 의식인가를 밝히는 노력이며 역사의 연구에 의해서 얻어진 현대의식만이 현대에 있어서 역사의식인 것이다. 역사가 시대에 따라 재평가되고 재서술되어야 한다는 것은, 상술한 바의 이유에서 그러하다. 그렇다고 해서 낡은 해석이 거부된다기보다 새로운 해석에 의하여 비판되고 포섭되어 개선된다는 의미이며, 그럼으로써 역사에 대한 의식과 통찰이 보다 넓어지고 깊게 되는 것이다.

한마디로 역사 이해는 시대의 변화와 더불어 끊임없이 오늘의 원인을 어제에서 찾아 내일을 통찰해 보려는 노력이라 하겠다.

24) Croce, 『The Theory and History of Historiography』 (philosophy of the spirit Ⅳ) Tr; D. Ainslie.(London. 1921). p.12.

사. 우리 민족과 역사관

> 새 것은 새 것 속에 있지 않고
> 낡은 것 속에서 발견된다.
> - 토인비

이상으로 일단 서양을 중심으로 한 역사관의 변천을 대강이나마 검토해 보았는데, 마지막으로 우리나라 근대사와 관련하여 식자(識者)들 간에 거론되어 온 사관인 '민족사관' 및 '자유주의 역사관'에 관하여 생각해 보고자 한다.

우선 민족이란 기본적으로 주권을 가진 정치공동체를 말한다. 이는 18세기 후반 산업혁명 이후 산업의 발달과 함께 만들어진 근대적 가치이자 사회문화적으로 형성된 개념이다.

우리나라에서 "민족"이란 말이 처음 등장한 것은 1901년 대한제국 때 「황성신문」에서였지만 처음에는 인종을 의미하는 단어로 사용되었다가 한반도 주민 집단을 가리키는 용어로 사용되기 시작한 것은 1904년 같은 신문의 한 논설에서 "사 천여년 전해져 내려온 민족"(四千餘年 傳守之 民族)이라고 표현했을 때부터이다.[25)]

우리나라의 경우 민족이란 개념이 실감 나게 거론된 것은 일제(日帝) 강점 이후의 일이며, 8 · 15 광복 이후 남북 분단을 계기로 크게 확산되었다고 할 수 있다. 조선 왕조시대만 해도 사대교린(事大交隣)을 대외정책으로 삼았던 시기였고, 백성 대부분이 상민이나 노비이던 사회에서 민족이란 공동체 의식이 존재할 수는 없었다. 소위 양반, 상민, 노비 등으로 계층이 분화되

25) 박찬승, 『민족, 민족주의』(小花, 2010), p. 68

어 "우리"라는 연대의식이 없었다고 볼 수 있다. 따라서 실제로 민족의식은 일본 제국주의의 강점 밑에서 고양되었던 것이다.

특히 신채호는 수나라 양제의 30만 대군을 대파한 을지문덕을 4,000년 역사에서 가장 용감하고 위대한 인물이라고 주장하면서 그의 강하고 용감한 기질이 바로 우리 민족의 본성이라고 주장하였고, 단군왕검을 우리 민족의 시조로서 받들어 이를 민족과 결합하여 민족사를 확장시킨 것도 그 예라 할 수 있다. 어느 외국인 학자는 우리 민족 개념은 한국을 중화주의적 관념에서 분리해 내는 수단으로서, 그리고 일본의 침략에 맞서 국가의 정체성(正體性)을 유지하는 수단으로서 나타나고 강화되었다고 하였다.[26)]

이러한 식민지 경험에서 고양되고 확산된 민족주의는 8 · 15 남북분단과 6 · 25 한국 전쟁으로 민족통일을 지고지순의 목표로 삼게 되면서 다시 강화되었다. 즉 분단과 전쟁이 민족의 통일을 신성한 가치로 만든 것이다. 여기서 남북이 대립되고 있는 우리 현실을 돌아보며 간과해서는 안 되는 것은, 민족의 통일이 우리 민족사의 지고의 소명이라 하더라도 인권과 자유 같은 인류 보편적 가치들이 민족보다 낮게 평가되어서는 안 된다는 것이다.

민족주의가 같은 민족끼리의 삶의 터전을 수호하고 주권의 수립, 공동체 의식 등을 높이는 순기능적인 면도 있으나, 반면에 생각과 이념이 자신의 것과 다르다고 해서 민족 단합이나 이

---

26) Andre Schmid, 『Korean Between Empires, 1895-1919』, (Columbia University Press, 2002, pp.268-270.

념의 추구, 민족의 순수성을 지킨다는 미명 아래 물리적 위협과 탄압으로 강제하여 개인의 자유를 억압하고 더 나아가 국제 평화를 유린하는 역기능도 있었음에 특히 유의해야 할 일이다. 역사적으로는 독일의 파시즘, 일본의 전체주의, 그리고 북한의 공산독재 등이 그 예라 할 수 있다.

작금의 21세기는 세계화 시대로서, 여러 나라의 다양한 문화를 포용하여 새로운 국민문화를 만들어가야 하는 시대이다. 지켜야 할 인간의 가치(민권(民權), 자유(自由) 등)까지 부정하는 배타적 민족주의보다는 '서로 다른 우리 (중국의 조선족, 외국 노동자, 다문화 가족 등)'를 포용하는 자기의 정체성(identity)을 지키면서 바깥을 향해 열려있는 열린 민족주의가 바람직한 것이다. 이것이 본시 한국 민족주의의 본령(本領)이었다. 즉 근대 민족주의자들인 신채호, 김구, 안창호 선생 등이 외친 세계 모든 민족이 공존공영하자는 신민족주의 정신이 오늘날 글로벌(global) 시대에 가야 할 바른길인 것이다. 따라서 피로 뭉친 민족보다 평등한 시민(인권, 자유를 귀하게 여기는)들의 공동체로서의 민족의식을 키워나가야 할 것이다.

우리의 미래를 민족의 테두리 안에 가두지 말고 세계화의 선(線) 위에 설정하는 지혜가 있어야 한다. "포용은 포용의 주체도 포용한다(Inclusion includes includers)"란 말이 있듯이 포용은 글로벌(global) 시대의 코드(code)이다.

우리는 이제 상술한 바와 같이 중국의 조선족, 외국인 노동자, 탈북자 외에도 국제결혼으로 동남아 출신의 다문화 여성 등 다

민족 다문화 사회로 진입하고 있다. 이들과 섞이는 피에 문화가 묻어 들어와 섞이고 예술과 기술이 섞이게 된다. 또한 동양과 서양 음식이 섞여 퓨전(fusion) 음식이 퍼진다. 서로 다름이 새로움으로 거듭나고 있는 것이다. 섞임을 거부하는 우를 범하지 말아야 한다. 우리 곁에 있고 싶어 이 땅에 온 이들을 우리 가족으로 보듬어야 한다.

근자에 일본, 중국 등 동북아시아를 비롯하여 동남아, 유럽의 유행의 메카인 프랑스 파리까지 한류가 퍼져가는 것을 보며 한국적인 것의 세계화로의 발돋움이 IT산업과 함께 변방에서 중심으로 향하는 비전을 보고 있는 것이다.

이상, 민족사관에 관하여 간단히 살펴보았다. 그리고 이 외에 민중사관이란 것이 일부 식자들에게서 제시된 바 있어 잠깐 언급해 보고자 한다. 민중사관은 좌파성향의 식자들 중심의 역사의식이었다. 역사의 주인을 민중으로 보고 민중의 입장에서 역사를 해석하겠다는 역사관이라 한다. 하지만 70-80년대 권위주의 시대 때 일시 나타난 사회주의 역사관, 계급 사관과 같은 성격을 띤 것으로 민중사관이란 용어로 우회적으로 표현된 것이다.

사실 민중주의의 뿌리는 로마(Rome) 시대에 기원을 둔 것인데, 당시 로마 시민들에게 정치 야심가들이 민심을 잡기 위해 콜로세움에서 서커스 쇼 등으로 평민들을 매수, 선동 정치를 일삼던 대중영합주의(populism)에 그 기원을 두고 있다. 그 후 미국 건국 초기 토마스 제퍼슨(Thomas Jefferson)이나 앤드류 잭

슨(Andrew Jackson) 등 건국 원로들 간에서도 행해졌었는데 미국의 그것은 근본적으로 사회 엘리트에 대한 반발과 권력 중심부에서 소외당한 데서 나온 민중저항 이데올로기였던 것이다.

이는 자본주의를 부정하지 않고 개인주의 운동이어서 사회주의로 나아가지 않았다. 주로 민중을 빙자하거나 인기 영합주의로 흘러버렸던 것이다. 그 후 찾아볼 수 있는 경우는 아르헨티나(Argentina)의 페론 정권 베네수엘라(Venezuela)의 차베스 정권, 최근(2008) 태국의 탁신 총리 등이 빈민층에 돈 뿌리고 빚을 탕감해주는 등 무책임한 선심정책으로 국가재정의 파탄을 초래하는 등이 그 예이다.

아. 자유주의와 역사관

마지막으로 자유주의 역사관을 생각하며 우리의 바람직한 역사관을 제시해 볼까 한다. 우리 한국의 4천 년의 세월은 중국과 일본에 갇힌 역사였다.

메이지유신으로 서양적인 근대화를 이룬 일제에 의해 우리는 중국 종주권에서 벗어나 청일전쟁 때 대한제국으로 독립하였으나 그것은 일제에 의한 한반도의 식민지 지배의 전초전이었고, 1945년에야 일제의 질곡(桎梏)에서 벗어난 이후, 좌우세력의 대립과 유혈투쟁, 대한민국 건국, 6.25의 동족상잔의 전쟁, 이승만의 독재와 두 번의 혁명(4.19, 5.16)과 권위주의 군부독재 시대와 산업근대화, 그리고 끝내 민주화 달성이라는 우여곡절을 통해서 세계의 최빈국의 지위에서 벗어나 오늘에 이른 것이 대한민국의 역사인 것이다.

우리가 산업화 과정에서 개발독재 체제(유신체제) 하에서 인권탄압 등 희생을 지적하며 부정적 평가만을 내세우는 일부 편향적 시각이 있으나 다른 개발도상국 군사독재자들과는 차원이 다르다. 박정희 시대에 새마을 운동을 통해 일본인들의 식민지 근성으로 부추기던 한국인의 의타성과 당파성, 게으름, 자기비하 의식인 엽전의식 등 수동적 타성을 '하면 된다', '할 수 있다'는 자신감과 억척스런 끈기와 의지를 불어 넣어 역사의 에너지에 불을 질렀던 것이고 이것이 경제기적의 출발이고 발동의 힘이 되었다.

박정희 대통령의 유신독재가 싫어 한국을 떠나 외국 대학의 교수로 있는 한 교수는 그가 주도한 새마을 운동이 한국인의 국민성을 바꿨고 경제기적의 원동력이 되었다고 하면서 그의 중화학공업 추진과 유신체제는 '한쪽 없이는 나머지 한쪽도 존립할 수 없는 양날의 칼'이었다고 주장했다. 그러면서 유신체제라는 독재체제가 없었다면 경제성장은 이뤄질 수 없었다고 한다. 산업화의 결과로 형성된 중산층이 민주주의를 가능케 했다는 것이며 그의 치세가 국가발전의 기폭제이자 민주주의 예비단계가 되었다는 것이다.(그의 과가 이룩한 공을 지울 수는 없다.)

한 미국의 동북아시아 전문학자인 이즈라 보겔(Ezra Vogel)은 그의 저서 『박정희 시대: 한국의 변혁』[27]에서 박정희는 터키의 아타튀르크(Atatürk), 중국의 덩샤오핑(鄧小平)과 비교되는 엄청난 애국심과 강한 비전을 갖고 경제발전을 위해 일한 인물이라 하였다. 덩샤오핑이 그의 발전전략을 박정희를 모델로 하였다고 미국 하버드 대학의 윌리엄 홀트(William Holt) 선임연구원은 말하고 있다.

한 때 참여정부 시대는 대한민국의 역사가 "정의가 패배하고 기회주의가 득세한 역사라고 일부 학자들이 주장한 바 있듯이 " 대한민국은 잘못 세워진 국가"라는 자학적 역사의식을 버려야 한다. 지금의 대한민국은 동족 공산집단에 맞서 6.25세대가 목숨 바쳐 지켜낸 희생의 산물임을 잊지 말아야 한다. 자유와 인권, 시장경제 등 인류 보편적 가치 위에 서서 선진국 수준의 경

27) Byoung Kook & Ezra Vogel, 『The Park Chung Hee Era: The Tranformation of South Korea』, Harvard University Press, 2011, pp.513-541.

제 성장과 민주주의를 함께 이룩해 낸 기세를 이어 다시 선진화의 과제를 맞고 있는 나라이다.

여기에서 우리는 나라가 분단되어 북한 정권과 대치되고 있는 상황에서 민주주의에 대한 신념을 확고히 할 필요가 있다. "민주주의는 국민이 주권을 행사한다"는 개념으로 인민 민주주의나 사회주의 등도 포괄한다. 계급독재 공산국가에서도 인민 민주주의란 용어를 쓰고 있다. 예를 들어 북조선이 자칭 "민주주의 인민 공화국"이라고 하면서 자유, 평등, 보통 선거가 실시된 적이 없고 오로지 노동당이 내세운 후보에 대한 찬반 투표만이 있어왔다.

우리나라는 건국 이후 서구 근대적 시민혁명에 의해 인격, 생명, 재산, 언론, 사상 등 자유를 제도로서 확립시킨 자유주의를 수용하여 대한민국 헌법 4조에도 주요 정책은 "자유민주적 기본질서에 입각하여 추진한다"라고 명시해 놓고 있다. 민주주의를 내세우고 있는 다른 체제들과 분명히 구분할 필요가 있는 것이다.

자유주의란 자구(字句)가 문제가 아니라 개인적 본위가 아닌 사회 본위적인 자유의 본질을 잃는 것이 문제인 것이다. 요는 모든 형태의 독재체제와 구별되는 형태로서의 민주주의를 가름하는 기준은, 권력을 실제 누가 행사하는가, 어떤 절차에 의거해서 이루어져 가는가에 달려있다고 본다.

대한민국 정체성의 기반은 원칙과 법치주의, 자유주의와 공정한 시장경제이다.

돌이켜 보면 지난 수 세기(조선왕조 시대) 동안 중국 중심의 중화질서 속에 있다가 근대에 들어서면서 강대국 틈바구니 가운데 끼어 이리 밀리고 저리 찌그러져 있던, 이른바 '독 틈의 탕건' 신세에서 벗어나고 있는 것이다. 북한은 아직도 관념적 '중화질서의 조선'에서 못 벗어나고 있다.

전술한 바와 같이 이제 한국은 대륙문화권에서 벗어나 해양문화권으로 진입하며 세계 속의 한국으로 도약하는 문명사적 전환기임을 명심해야 한다.

우리나라는 전란의 폐허를 딛고 눈부신 경제성장과 민주화를 이룩한 유일한 나라로, 그리고 이제 많은 후진국들의 발전모델이 되고 있다.

근자에는 일본, 중국 등 동북아시아 지역을 비롯해 대만을 위시한 동남아 지역, 그리고 유럽의 유행의 메카인 (서양문화의 심장 같은) 프랑스 파리에까지 K-pop 등 한류 붐이 퍼져 나가는 등 세계문화 유행을 선도하고 있다. 더구나 서방 선진 G8을 대체하는 세계 최고의 합의체인 G20, 핵안보 정상 회의 등이 한국 서울에서 개최되어 세계 선진 강대국들과 세계의 삶과 평화, 그리고 국제질서를 짜는 위치에 올라서고 있기도 하다. 또한 경제면에서는 한 · EU FTA, 한 · 미 FTA 그리고 ASEAN(동남아시아 국가 연합)과도 FTA를 체결하여 우리 경제 규모의 30배가 넘는 경제 영토가 관세 없이 교역이 이루어져 세계 무역 대국 반열에 오른 것이다.

우리에 앞서 같은 규모의 무역을 달성한 나라는 모두 식민지를 경영했던 제국주의 국가 출신들이다. 우리 한국은 세계사에서 유일하게 식민지 피지배국에서 독립한 국가로서 그 반열에 끼어들게 된 것이다. 우리 경제는 개방과 더불어 성장해 왔다. 비록 FTA가 기회와 위험이 동시에 있다 하더라도 경제교역의 활동 반경을 한 뼘이라도 넓혀 나가야 한다. 그것이 자원이 없는 우리나라의 성장의 기회였고 발전의 길이다. 세계를 향해 나가야 한다. 이제 변방에서 중심으로 들어서게 되었다는 자부심

마저 느껴보는 작금이다.

다음 세대를 짊어질 여러분이 이 지구촌을 이끌어 가는 모습을 기대하며 역사관에 대한 설명을 매듭짓겠다.

과거의 사실에 그치지 않고 무엇을 더 알아야 하는가?

역사관과 역사산책

중국 신화의 세계는 일본이나 한국 등의 신화가 국가의 기원을 설명하기 위한 것과는 좀 다르다. 신화연구가들의 이야기에 의하면 중국의 신화는 비교적 일관성이 없고 앞뒤가 맞지 않으며 내용이 중복되는데다가 단편적인 것의 집합에 지나지 않는다.

중국사의 이해

3

3. 중국사의 이해

(1) 중국의 신화와 역사

> 合久必分 分久必合
> (합하여 오래되면 반드시 나뉘고,
> 나뉘어 오래되면 반드시 합한다.
> 역사가 분열과 통합의 반복이다.)

중국은 지대물박(地大物博)의 나라라고들 한다. 이것은 "거대한 땅과 풍부한 물자"라는 뜻이다. 중국의 땅은 남한의 99배에 달하는 약 960만 ㎢이며 영토에 있어서는 아시아 최대국이다. 지하자원도 풍부하여 청나라 황제가 무역개선 교섭 차 온 영국 사절을 통해 영국 왕 조지 3세에게 칙령을 보내면서 중국의 지대물박을 자랑하며 거절한 예는 유명하다. 당시 건륭황제는,

"천조(天朝)는 물산이 풍요하여 없는 것이 없다. 본래부터 외국 오랑캐의 화물(貨物)에 의해 우리의 유무(有無)가 통한 것이 아니다. 다만 차, 자기, 비단과 같은 천조 소산물이 서양 여러 나라와 당신 나라에 필수의 물산이라 함으로 은혜를 베풀어 동정하려는 것이다. 우리에게는 부족한 것이 없기 때문에 외부 야만인이 만든 제품을 수입할 필요는 없다"

라고 호언하였다.

중국은 외래 물품을 오랑캐라 하였는데 서영지방에서나 남양 등에서 들어온 것들에 오랑캐 호(胡)자를 붙였다. 호떡, 호두, 호초, 호궁(악기) 등이 그 예이다.

한편 중국의 인구는 약 13억(2007년 통계)이며 세계 인구의 5분의 1에 해당한다. 민족의 구성은 한족을 비롯해 몽골, 티베트, 위굴, 조선족, 만주족, 고산족 등 56개의 민족으로 구성되어 있다. 그중 한족이 92%를 점하고 있으며 중화민족의 주체로서 정치, 경제, 문화 등 여러 분야에서 선도적 주도적 역할을 하고 있다.

중국 역사의 요람지는 황하 강가이다. 황하는 서쪽 칭하이성(青海省) 산골 호수에서 발원하여 동쪽으로 4,000km를 흘러 발해만으로 빠져 나가는 중국 제2의 대하이다.

이 대하 유역의 지층에는 지질연대 시기부터 아시아 내륙 사막에서 날아온 미세 먼지가 쌓여 깊고 넓은 황토층을 이루게 되었다. 이 유역 일대에는 비옥한 옥토가 마련되어 약 4,000년 전경부터 사람들이 농사를 지으며 살았다. 기록에 나타나는 전설에 의하면 그중 대표적인 큰 씨족 부락이 황제(黃帝), 염제(炎帝), 구려족(九黎族; 夷人)의 치우(蚩尤) 등을 우두머리로 하는 씨족들이다. 이 셋 씨족 부락은 점차 세력을 넓히면서 부락을 이루고 살다가 서로 대립하며 싸움을 벌이게 되는데 먼저 염제가 황제 부족에게 패하고 연합하게 된다. 그 뒤 황제와 염제가 힘을 합쳐 치우와 전쟁을 도모한 끝에 승리하여 황제가 부족 연맹의 수장이 된다. 훗날 황제 부족과 염제 부족이 합쳐져 화하(華夏)족을 이루게 되는데, 이 화하족이 바로 중화민족의 전신이라 하며, 중원의 지배자가 된다. 그 후손들이 오늘의 중국인이라고 하는 것이다.

어느 나라 민족이나 국가이든 기록이 없던 시대를 신화와 설화로 꾸며 기록으로 남겨 놓고 있다. 중국의 역사도 전술한 황제를 포함한 3황5제(三皇五帝)부터 시작된다.[28] 이 전설은 여러 지역의 지방전설과 개별 전설 속의 인물들을 모아 하나의 계보로 정리한 것인데, 그 시기는 춘추전국시대부터 형성되어 한(漢) 대에 이르러 이루어진 것이라 알려져 있다. 3황5제란, 복희(伏羲), 수인(燧人), 신농(神農) 등 3제와 황제(黃帝), 전욱(顓頊), 제곡(帝嚳), 당요(唐堯), 우순(虞舜) 등 5제를 가리키나 전설이기 때문에 기록마다 일정치 않다.

중국 신화의 세계는 일본이나 한국 등의 신화가 국가의 기원을 설명하기 위한 것과는 좀 다르다. 신화연구가들의 이야기에 의하면 중국의 신화는 비교적 일관성이 없고 앞뒤가 맞지 않으며 내용이 중복되는데다가 단편적인 것의 집합에 지나지 않는다. 그것은 중국 땅이 넓어 각지에 나라(정권)들이 병립하였고, 각기 다른 신화를 지니고 있던 정권들이 흥망성쇠를 거듭하는 동안 신화들이 다른 나라의 그것에 흡수되든가 합몰되는 경우가 많았기 때문이다. 거기에 통일국가가 출현하기 이전 제자백가 시대를 거치면서 그들 제가(諸家)들의 학파 속에 묻혀 원래의 신화들은 그 생기를 잃어버렸다.

흔히들 한족(漢族)은 신화를 갖고 있지 않은 민족이라 한다.

28) 중국 최초의 통사(通史)인 사마천(司馬遷)의 ≪사기(史記)≫(권1, 오제본기(五帝本紀))에는 첫 머리에 삼황(三皇)은 빼고 오제(五帝)부터 기록되어 있다.

하지만 그리스, 일본과 같이 신화시대를 두지 않을 뿐이며, 한족 역시 5제 시대를 인간의 성왕 시대로 만들어 사실화시켜 파악하고 있다.

일부 사상가(유가)들이, 이 전설 속의 인물을 실제 존재했던 성왕 혹은 성천자(聖天子)로 묘사하여 숭배하고 있는데, 이는 중국대륙이 포용하고 있는 56개 민족이 그 나름대로 지니고 있는 풍속, 신앙, 언어 등 정체성(Identity) 분열로 인한 문제를 전설상의 인물을 성왕(聖王)을 내세워 해결하면서 중화민족으로서의 동일성의 구심으로 삼고자 하는 것이라 하겠다.

이 성왕들은 전설이라 하더라도 화식(火食)을 가르쳐 준 수인씨(炎帝), 글자를 발명했다는 창힐(倉頡 - 황제의 사관) 등 문명을 전해주었고 어느 정도의 사실성을 포함한 성인들을 성왕으로 부활시킨 것이다.

근자에 이르러 중국 사회과학원이 중국문명 탐원 공정 등을 통해서 중국역사의 시간과 공간 확대 작업을 착수 · 진행하고 있는데, 이것도 그와 같은 맥락에서 의도된 것이라고 볼 수 있다. 즉 중국은 개혁 개방 이후 단기간에 경제 대국으로 부상하면서 옛날의 중화제국(中華帝國, Celétial Empire)의 위상을 다시 세우고자 하여 이를 이념적으로 뒷받침하는 학술적 노력을 시작하고 있는 것이다. 자신들의 기록으로 남아있는 5,000년의 역사를 시간적 · 공간적으로 확대하는 프로젝트가 그 핵심인데, 중국 문명 탐원 공정, 동북 및 신강(新疆), 서강, 북강, 청사(淸史) 공정 등 중국의 동서북 방향으로 역사의 시공을 아우르는 증폭작업을 서두르고 있다.

특히 동북공정에서는 고구려, 발해의 주변 국가들의 역사를 중국 역사에 편입시키려 하는 것이고, 탐원공정은 역사를 신화시대까지 끌어올리려는 작업이다. 관심 있는 학자들은 이를 두고 "역사제국주의"라고 비난하고 있다.

필자로서는 이것이 천하적 세계관에 바탕한 패권주의적 의도가 아니기를 바라며, 글로벌 리더가 되기 위해서는 존경받는 대국다운 금도를 보여주기를 기대한다. 일찍이 중국의 역사가들이 강조한 역사필법의 정신이 역사적 사실에 근거한 공정성임을 잊지 않기를 바란다.

(2) 고대 중국〈은(殷)~한(漢)(BC 1,500~AD 220)〉

> 햇빛에 바래면 역사가 되고
> 달빛에 젖으면 전설이 된다.

은왕조는 전술한 바와 같이 은허의 발굴로 역사적으로 실제 존재한 것으로 알려지게 되었다. 이에 의하면 은(殷) 시대는, 복점(卜占)에 의해 신의 뜻을 물어 정치를 행하는 천(天)의 사상이 지배하는 신정정치(神政政治)를 했던 때였다. 당시는 주술적인 정신세계를 벗어나지 못한 단계였으나 청동기 문화는 수준이 높아 그다음의 주(周)대의 문화수준보다 뛰어났다. 당대의 갑골문자는 실용한자의 기원이 되었고, 한자는 주대의 고문자와 진(秦)대의 문자의 통일로 이어지면서 한(漢)대에서 완성을 보게 된다.

은(殷) 말에 마지막 왕인 주(紂)가 포악하여 주(周)의 무왕이 토벌하여 은을 멸하였는데, 이를 "은주(殷周)혁명"이라 한다. 여기에 "혁명(革命)"이란 말은 주나라가 은을 토벌하고 새 왕조를 세운 것을 정당화하기 위해 은대의 천의 관념을 수정하여 이끌어낸 사상으로서 천명(天命)을 바꾼다는 뜻이다. 즉, 천의 의지인 천명이란 미리 절대적으로 주어지는 것이 아니라 인간의 도덕적 행위에 의해 바뀔 수 있다 하여 천의(天意)를 받들어 다스리는 자를 천자(天子)라 하며 만일 천명을 받은 자가 부덕하여 이를 어길 경우에 토벌(放伐)되어 덕있는 자에게 천명이 옮겨가는 것이라 하였다. 주의 집권을 정당화한 것이다. 이 혁명(放伐)

사상은 그 이전의 하(夏)나라 때 우(禹) 왕이 순(舜)에게 왕위를 명예롭게 물려줬다는 선양(禪讓)사상과 함께 후대 정치사상에 큰 영향을 끼쳤다.

주대 사회의 특이한 것으로서 봉건제도를 들 수 있다. 이 제도는 일족과 공신에게 정복지를 분봉하고 토착 수장들도 제후로 봉하기도 하였으나 종법(宗法)에 기초한 지배력 확보를 목적으로 한 정치조직이었다. 이 제도는 유럽 중세에 있었던, 주종 간의 쌍무적이고 인격적인 계약관계에 의해 성립되는 봉건제(Feudalism)와는 구별되는 것이다.

북방 유목민족의 침입으로 인해 주 왕조는 수도를 낙양(洛陽)으로 천도하게 된다. 이때부터 동주(東周) 시대라 한다. 이후 왕실의 세력이 약화되어 그 밑의 제후들 간의 대립항쟁이 계속되는 춘추전국(春秋戰國)시대가 열리게 된다. 주 왕실이 쇠퇴해가자 일부 유력한 제후들이 왕실을 받들고 북방 이민족 위협을 물리친다는 '존왕양이(尊王攘夷)'의 명분을 내세워 패권을 다투는 제후세력이 등장하게 된 것이다. 이들이 소위 춘추 5패이다. 그 후 다시 제후들 간의 싸움이 격화되어 약육강식의 병합과 하극상의 풍조가 나타나며 전국 7웅이 대립하는 형세가 된다. 이들 열국 간의 항쟁으로 구체제인 봉건 질서가 무너져 세속적인 신분질서로 이완되고 군신 관계의 속박도 무너져 인재의 등용이 자유롭게 되었다. 한편 이 시기에 철제 농기구가 등장하여 농업 생산이 증대되고 개별적인 농업 경영도 나타났다.

자유로운 계층도 생겼으며 이들 중에서 지식과 재능이 뛰어난 자들은 제후들이 노리는 대업 욕구에 등용되어 자유롭고 활발한 사상이 주창되었다. 이것이 곧 이른바 제자백가(諸子百家)의 출현이다.

이는 제후들의 분립으로 중앙의 통제력이 약화되었기 때문에 가능했던 일로서, 이때 사상과 언로(言路)도 자유로워 백화제방, 백가쟁명의 다양한 학풍이 만개하였다. 유가(공자, 맹자), 도가(노자, 장자), 명가, 법가, 신선설 등 대표적인 학파와 사상가들이 이때 나타났다. 그 사상들은 추상적인 면도 부분적으로 없지 않으나, 정치, 도덕, 또는 처세술 등의 구체적이고 현실적인 문제에 집중되어 있으며 이것이 중국 사상의 특색을 보여준다. 이 당시의 사상들은 또한 중국 사상의 뿌리로서 황금시대를 이루었을 뿐 아니라 이후 동양사상 전체의 흐름에 있어서도 중요한 위치를 점한다.

한편 전국시대 7웅들의 대권을 향한 대립과 길항이 지속되면서 지역 간의 대립 및 차별이 상업활동과 교통을 방해하였다. 이에 경제적 통일욕구가 강하게 대두되었다. 또한 흉노족의 침입의 반작용으로 중국인의 공동체 의식이 강력한 통일정권의 출현을 바라고 있었다. 이러한 시대적 배경을 타고 7국 중 부국강병책(商鞅의 兵法)을 펴 온 진(秦)나라가 6국을 멸하고 천하를 통일하게 된다.

진나라의 왕은 법가의 학설을 채용하여 대개혁을 단행하고 스스로 3황5제의 공덕을 최초로 겸비한 존재라 하며 "시황제(始皇帝)"라 칭하였다. 그는 정치적으로는 중앙집권을 꾀하고 봉건제도를 폐하였으며 그 밖에도 군현제(郡縣制) 실시, 화폐와 도량형 통일 등을 추진하였다. 이로써 지방할거의 폐해를 없애고 사상적으로는 분서갱유(焚書坑儒)를 단행하여 언론을 통제하고 문자를 통일하였다.

시황제의 위명은 서방세계에도 알려졌으며 이로 인해 진의 나라 명칭이 중국을 가리키는 영문명 "China"의 기원이 되었다. 그러나 시황제의 너무나 엄격한 법치 만능의 통일 정책과 원정, 토목사업 등으로 민생의 어려움을 초래하였다. 그래서 그가 죽은 후 각지의 반란이 일어났고 진은 불과 2대 15년 만에 멸망하였다. 진(秦)나라 말기에 평민 출신의 유방(劉邦)이 귀족 출신의 초(楚)나라의 항우(項羽)를 물리쳐 내란을 평정하고 한(漢)을 세웠다. 이때가 BC. 202년이었으며, 이것은 중국 역사상 최초의 평민 황제의 출현이었다.

유방 이전의 왕조들에서는 황제들이 거의가 장군이거나 추장 출신이었는데, 한 고조는 시정(市井)의 평민 출신이었다. 유방을 도운 이들은 일기당천의 부장들이었는데, 그중 창업 3걸로 꼽히는 이들이 장량, 한신, 소하이다. 그중 한신은 용병술에 뛰어난 인물로 후대의 격언이 된 "토사구팽(兎死狗烹)"이란 말을 남겼다. 이 말은 "토끼 사냥이 끝나면 사냥개는 삶아 먹는다"는 뜻인데, 시기심 많기로 이름난 한 고조가 그의 죄를 물어 포박하자 남긴 말이라고 전한다.[29)]

29) 앞의 책, ≪사기≫, 淮陰侯傳

한(漢)은 고조 이후 성세를 이루어 무제 때에는 중앙집권체제가 실현되고 북방위협세력인 흉노를 토벌하였으며 장건(張騫)을 서역에 파견하여 서역과의 교역을 터, 실크로드(silk road)를 넓혔다. 한 대의 위용은 무제 때에 동쪽으로 조선의 한 사군 설치로 이어졌고, 남으로는 베트남에까지 미쳤다. 그러나 빈번한 외국 정복과 위신 과시용 토목공사, 궁정의 사치로 국가재정이 악화되었다. 그리하여 한 무제가 죽은 후 환관과 외척의 득세로 왕조가 망했으며, 다시 한의 일족 유수가 혼란을 수습하고 한을 부흥시켜 후한을 세웠다. 후한도 2세기에 이르러 호족 출신이자 조조의 아들인 조비에게 멸망했다.

문화적인 측면에서 한(漢) 대의 400년간은 중국 역사상 매우 중요한 시기로서 그 이전 시대의 모든 것이 정합되어 중국적인 것이 대성을 이루는 때라고 할 수 있다.

춘추전국 시대 이후 각지에서 다채롭게 전개된 제자백가 사상과 같은 문화가 한(漢) 대에 이르러 종합되어 고전문화로서 결실을 보았던 것이다. 유학이 관학이 되어 국가의 통치 이념으로 자리 잡고, 문자가 정비되어 "한자"라고 불리면서 그 문장은 "한문(漢文)"이라 불리기 시작한 것도 이 시기였다.

한(漢)의 통일제국은 중국인의 역사의식도 높이고자 하였다. 중국 정사의 전범인 전한(前漢) 시대 사마천의 ≪사기≫와, 후한(後漢)의 반고(班固)가 지은 ≪한서≫는 후세의 중국은 물론 우리나라 역사 서술의 모범이 되었다. 불교가 들어온 것도 이때의 일이다. 또한 105년에는 채륜이 종이를 발명하여 지식 보급에 큰 역할을 하였다. 이 제지법은 8세기 이후 이슬람인을 거쳐 서양에 전해져서 세계 문화 발전에 크게 공헌하였다. 그리고 한무제 때에 실크로드가 크게 열려 동서 문화 교류가 활기를 띠게 된 것도 주목된다.

실크로드를 통한 당시 교역은 동서 문물 교역의 집산지였던 비잔틴 제국의 최대 상업 도시로 이어졌다. 거기에서 교환된 물품은 이동하는 방향에 따라서 물자가 달랐는데, 서방에서 동방으로(Caravan Route) 가는 물품들에는 글라스 제품, 산호, 호박, 금, 약품 등이 있었고, 동방에서 서방으로(Silk Road) 가는 물품들은 중국 비단이 주였으나 그 밖에도 인도의 상아, 귀갑, 보석, 동남아의 호초 등이 있었다. 이 외에 바다를 통해 가는 길도 있었다. 육로 이동에는 주로 쌍봉낙타가 이용되었다.

(3) 중세 중국 〈위진 남북조-수~청(4세기~17세기)〉

후한이 멸망한 후 하북의 위(魏), 사천의 촉(蜀), 강남의 오(吳)가 대립형세를 이룬다. 이것을 중국의 "삼국시대(三國時代)"라 한다. 그러다가 위의 장군 사마염(司馬炎)이 제위를 찬탈하고 진(晉)을 세워 3국을 통일하였다. 그 후 진(晉)은 3세기 말 제위를 둘러싼 내분과 흉노의 침입으로 망하고 진의 일족은 317년에 강남, 즉 양자강 이남으로 옮겨 동진(東晋)을 수립한다. 한편 화북지방에서는 북방 민족인 선비족을 비롯한 5족과 한인이 세운 16국 등이 흥망을 거듭하면서 5호 16국 시대가 전개된다. 그러다가 5세기에 선비족이 북위(北魏)를 세우는데, 이를 "북조(北朝)"라 한다.

강남의 동진에는 북방민족의 침입을 피해 한인 귀족과 호족을 비롯한 많은 농민들이 자리잡는다. 이에 강남이 크게 개발되면서 송, 제, 양, 진(陣)의 4왕조가 교체되었는데 이를 남조(南朝)라 한다. 그리하여 약 150년간의 남북조시대가 전개된다. 위진 남북조 시대는 중국이 남북으로 분열되고 양자강 북부 지역을 잃은 시대였으나 강북을 지배한 북방민족이 중국문화에 오히려 동화되어 중국문화는 강건한 기풍을 수용하면서도 잘 보존되었고, 한편 강남에서는 남도해 온 귀족 중심의 문화가 강남의 온화한 풍토에서 우아한 기풍으로 발전하여 문학예술 등에서 그 특색을 나타내었다.

불교는 처음에 중국의 노장사상의 무(無)가 불교의 반야(般

若)의 중심인 공(空)과 통하는 것이라고 이해되어 받아들여졌으나 불교가 점차 종교로서 이해되어 뿌리내리게 되면서 널리 보급되었고, 둔황(敦煌)의 모까오쿠(莫高窟), 윈강(雲崗), 룬먼(龍門) 등이 만들어졌다. 이들 석불 및 불화 등에서 인도의 간다라, 굽타의 불상양식 그리고 중앙아시아의 불교 미술의 영향을 엿볼 수 있다. 한편 불교의 자극을 받아서 도교(道教)도 성립되었다. 문학에는 시인 도연명, 서예에 왕희지가 서성(書聖)으로 불리어 후세에 전해졌다. 사상 분야에서는 난세를 반영하여 유학 대신에 노장사상과 함께 죽립칠현과 같은 청담(淸談)의 풍조도 유행하였다.

오랜 위진 남북조의 분열시대는 북주의 양견(楊堅)이 건국한 수에 의해 589년에 통일되었다. 그는 다년간의 남북분열을 수습하기 위해 황제 권력과 중앙집권의 강화를 꾀하였고 관리 등용에 있어서는 추천제(九品中正制)를 폐지하고 시험에 의해 인재를 뽑는 선거제도(후의 과거제도)를 처음 실시하였다. 또한 남북의 통일 정책 일환으로 강남의 곡창지대와 화중, 화북의 정치도시를 연결하는 대운하를 완성시켰다. 이는 후대에 남북 간 교역에 큰 힘이 되었다.

그러나 다음 황제인 수 양제 때에는 황실의 호사와 대규모 토목공사, 대외원정, 그리고 특히 고구려 원정의 실패를 계기로 통일한 지 30년 만에 멸망하였다. 수의 왕조 수명은 단명하였으나 남북을 통일하여 뒤이은 당의 세력에게 제국 건설의 터전을 마련해 주었다는 의의는 크다 하겠다.

수나라 말기 농민폭동 와중에 호족출신 이연(李淵)이 군웅할거의 형세를 수습하고 618년에 당을 세워 당 고조가 되었다. 당은 고조의 아들 태종 때에 이르러 3성 6부, 과거제도, 율, 령, 격, 식 등을 정비하여 중앙집권체제를 확립한다.(貞觀의 치세)[30] 또한 당은 충실한 국력을 배경으로 대외 발전에 힘을 써 나갔다. 동으로 신라와 동맹하여 백제와 고구려를 멸하고, 북으로는 돌궐과 토번(Tibet)을 토벌하여 중앙아시아를 제압하였으며 남으로 참파(지금의 베트남 일부)에까지 세력을 확대하였다. 당은 이 광대한 영역을 통치함에 있어 각지에 도호부를 설치하고 기미정책을 실시하였다. '기미정책'이란 당이 정복지(속지)를 지배하는 방법으로서, 각 도호부 산하의 추장이나 유력자를 중국의 관리로 임명하여 자치를 허용하며 간접으로 다스리는 것이다.

이리하여 공전의 대제국을 건설한 당의 문물과 제도는 주변 여러 나라에 파급되었고, 이로써 유교, 불교, 도교 등 공동의 문명을 향유하는 동아시아 문화권의 세계가 성립되었다. 이 문화권에는 베트남도 포함되며, 섬나라 일본은 당 제국의 지배세력 밖에 있었으나 우리나라를 통하거나 견당사를 통해 당 문화를 적극 수용하였다.

당대의 문화를 대표하는 것으로는 문학에 시인 이백, 두보, 왕유 등이 있으며, 도자기에는 당삼채, 불교에서는 현장의 ≪대당서역기≫와 의정의 ≪남해기귀내법전≫이 있다. 이 두 서적은

30) 당 태종은 중국 사상 굴지의 명군으로 칭송받고 있는 존재이다. 신하들의 의견을 존중하여 선정을 베풀었다. 그의 군신과의 문답집이 ≪정관정요(貞觀政要)≫인데 후세에 제왕학의 텍스트로서 시정에 널리 참고되었다.

인도와 중앙아시아의 연구에 귀중한 자료로 전한다.

당 대의 번성기에는 중앙아시아, 인도, 페르시아(이란) 등의 외국문화가 육로와 해로 양쪽으로 유입되었으며, 특히 실크로드를 통하여 유입되어 당의 문화는 국제적인 색채를 띠었다. 이 때문에 페르시아의 조로아스터 교, 기독교의 일파인 경교(景教) 등이 전래되고 당의 수도 장안에는 이국적 풍경이 만연되었다. 이때에 서역의 이란 계통의 춤인 호선무(胡施舞), 말을 달리며 공치기 놀이인 타구(polo: 打球) 서역 악기인 하프 류인 비파, 날라리인 호적(胡笛) 등이 유행하였다. 그중 타구는 한국과 일본에 전해져 "격구"라 하였다. 또한 고구려 출신 장군 고선지가 당의 대군을 이끌고 달라스(Talaz)(오늘의 알리아타(Ali-Ata)) 강에서 이슬람군과 전투를 벌인 것도 이때의 일이다. 이를 계기로 중국의 제지법이 이슬람 세계에 알려지게 되었다.

당은 한때 중국 역사상 유일무이한 여황제인 측천무후(則天武后)가 제위에 오르는 등 이변도 겪었으나 농민반란이 없어 사회가 안정되었다. 또 측천무후는 문벌귀족들을 다수 제거하고 과거를 통하여 신진 관료를 대거 등용시켰다. 그녀의 무리한 집권과 과오도 있었으나 그의 개혁정치의 성과도 적지 않아 그 후 왕실이 전통귀족의 간섭 없이 통치할 수 있는 틀을 마련하였다. 그러다가 8세기 초 현종이 구습에 구애됨이 없이 '개원의 정치'라는 태평성대를 이루게 된다.

현종 말에는 양귀비를 총애하여 정치를 등한히 하여 절도사 안녹산과 그의 부하 사사명의 난이 일어났다. 이것을 "안사의 난"이라 한다. 또한 밖으로는 티베트 등의 저항과 침입으로 정복지를 상실하였고, 9세기 말에는 황소의 난[31]으로 쇠퇴해진다. 결국 당은 절도사 주전충(朱全忠)에 의해 907년에 멸망하였다. 그중에서 특히 8세기 말에 일어난 '안사의 난'은 종래 농민 반란과 달리 중국사회에 큰 변혁을 가져온 사건이었다. 이로 인해 절도사들의 군벌 세력이 등장하게 되고 문벌귀족층이 무너지며, 최종적으로는 5대10국의 혼란기를 맞이하게 되었다.

5대 10국도 중국의 분열시대이다. 그러나 약 560년간의 춘추전국 시대나, 약 300년간의 위진남북조시대와는 달리 비교적 짧은 기간인 53년여에 불과했다. 이 시대를 암흑시대라고는 하지만, 다른 한편으로는 당 문화를 송대에 이어주는 중요시기이기도 했다. 10국의 하나로 지금의 사천성에 있던 촉나라의 미술, 공예, 인쇄의 발달, 그리고 지금의 남경을 수도로 하고 있던 남당(南唐)의 미술 장려 등이 이후 송(宋)대에 회화, 공예, 인쇄술이 융성할 수 있었던 바탕을 만들어 준 것이다. 이 시기는 또 북방 민족이 점차 한(漢)민족에게 압박을 가해오는 때였다는 점에서 중국민족사에서 보더라도 흥미있는 시기이다.

960년 절도사 조광윤(趙匡胤)이 5대 10국을 통일하고 관료국가 송을 세워 태조가 되었다. 송은 무인세력을 누르고 문치주의를 채택하여 문관의 지위를 높이고 군주체제를 강화해 나갔다. 과거제도에 의해 관료를 뽑아 황제를 보좌하게 하자 당말에 대

31) 황소의 난은 소금장수 황소가 이끈 농민봉기로서 수십만의 농민이 가세하여 십여개 성을 휩쓸며 십여년 간 계속된 봉기이다. 이 난은 중국 농민전쟁사에 기록된 농민혁명운동으로서 후대 농민항쟁에 큰 영향을 끼쳤다. 특히 신라에서 중국에 유학하여 과거에 급제하고 벼슬하던 최치원이 황소의 난 시에 토벌 격문을 지어 난 진압에 공을 세운 것은 유명하다.

두한 신흥 지주(形勢戶) 부호 출신들이 관직을 독점하였다. 이들이 송대 관료체제(士大夫 體制)의 근간을 이루며 새로운 정치 사회적인 계층으로서 송대 이후에까지 존속하였다. 그러나 송의 철저한 문치주의는 군사력을 약화시켜 거란(요), 금, 서하 등 북방민족의 침입과 위협에 놓이게 되었다. 이에 송(宋)은 왕안석의 '신법'으로 난국을 타개하려 했으나 실패하고 말았다.

그 결과 송의 약체를 노리고 여진족의 금이 1127년에 송을 공략하여 황족을 위시한 중신들을 납치해갔다. 이것이 "정강의 변(靖康의 變)"이다. 한편 황족 중에 화를 면한 강왕(康王)이 강남으로 피신하여 왕조를 다시 일으켰다. 이를 "남송"이라 하며 그 이전의 시대를 '북송'이라 한다. 남송에서는 금(金)나라에 대한 항전을 주장하는 악비와 주화파 진회가 대립하였으나 굴욕적인 화의를 맺게 되었다. 송은 금에 대하여 '신하의 예'를 지켜야 했고 그 후 재정적인 곤란과 당쟁으로 쇠퇴해가다가 금을 멸망시킨 몽골에 의해 1279년에 멸망하였다.

송대에는 문치주의를 내세워 새로운 기운이 일어났다. 당대의 문화가 귀족적이고 국제적이었던 것과는 달리 송대의 문화는 불교의 영향을 받아 우주생성의 원리와 인간의 본성을 규명하려는 성향이 강했고, 이에 따라 성리학이 발달하였다. 성리학은 북송의 주돈이에서 시작되어 남송의 주희(朱熹)에 의해서 집대성되었다. 남송의 주희가 곧 주자(朱子)이며, 성리학을 "주자학"이라고도 부른다. 주자학은 ≪대학(大學)≫, ≪중용(中庸)≫, ≪논어(論語)≫, ≪맹자(孟子)≫인 사서(四書)를 중시하였고, 중국 지배자의 정통성이나 군신의 명분을 명확히 하는 대의 명분을 강조하였다. 그의 학설은 송대의 군주독재 하의 사회질서 유지를 위한 사상적 지주가 되었고 한국, 일본, 베트남에도 큰 영향을 미쳤다.

역사학도 발전하여, 사마광이 ≪자치통감≫을 저술하여 편년체의 모범이 되었다. 공예 부분에서는 징더진(景德鎭)의 도자기가 유명하다. 북송시대에는 필승(畢昇)이 활자를 만들었으며, 또한 화약의 제조법과 나침반 등이 발명되어 한(漢)대의 제지법과 함께 중국의 3대 발명이 되었다. 그중 활자의 발명은 실용에 적합하지 못하였으며, 13세기 고려 때의 금속활자가 나온 이후에 비로소 실용화에 크게 성공하였다.

중국 역사상 북방민족의 활약이 가장 두드러진 시기는 10세기에서 13세기 사이인데, 요(遼), 서하(西夏), 금(金), 몽골(蒙古)가 그중 대표적이며 중국을 한 때 지배하던 정복국가들이다.

이 외에 정복왕조를 든다면 청(淸)나라인데, 17세기 이후의 일이다. 중국의 역대 왕조를 중국왕조와 정복왕조로 구분 지어 볼 수 있는데, 전자는 진, 한, 남조, 수, 당, 송, 명 등이며, 후자는 북조, 요, 금, 원, 청 등이다.[32)]

요는 거란족이 906년에 세운 나라로 5대의 혼란을 틈타서 중국에 침입하여 화북의 일부를 차지하였다. 요는 거란 문자도 만들어 민족적 자각도 높였으나 높은 수준의 중국문화에 동화되어 갔고, 금과 송의 협공으로 멸망하였다. 하지만 황족의 일족

32) 고병익(高炳翊), 『東亞史의 傳統』, 一潮閣, 1976, pp. 283-288.

인 야율대석(耶律大石)이 중앙아시아로 가서 카라 키타이(西遼)왕국을 세웠다. 이후 서방세계에 "키타이(Kitai)" 또는 "카타이(Cathay)"라는 말이 중국의 호칭으로 잘못 알려지기도 하였다. 서요는 중국이 부른 국명이며, 무역에 종사하여 동서문화 교류에 많은 공헌을 하였다.

한편 서하는 티베트계의 탕구트 족의 나라인데 중국 서북 지방에서 일어나 티베트와 위구르를 격파하고 1038년에 나라를 세웠다. 서하는 동서교통의 요지인 하서 지방을 차지하여 중계무역으로 번영하였다. 군비도 충실하여 송과 요의 대립을 이용하여 송을 위협해 송으로부터 매년 많은 세폐를 받았다. 서하는 독립적인 연호도 사용하고 한자를 기초로 서하문자도 만들어 사용하였다. 12세기 전반에는 최대 영토를 이룬 적도 있으나 강력한 몽골군의 침입으로 1227년에 멸망하였다.

또한 정복국가의 하나인 금(金)은 요의 지배력이 약화되자 중국 동북부 만주에서 여진족의 아구타(阿骨打: 太祖)가 1115년에 세운 나라이다. 금은, 요와 북송을 멸망시키고 남송으로부터 매년 세공을 받았으며 중국 북부를 지배하였다. 금도 중국 문화에 동화되는 것을 막기 위해 여진 문자를 만들었으나 수도를 연경(北京)으로 옮긴 후부터는 중국문화에 동화되어갔다. 그러다 마침내 새로 일어난 몽골제국에게 1234년에 멸망하였다.

몽골족과 원

몽골족은 당대까지만 해도 액이고납하 강 상류의 열악한 환경에서 유목하는 작은 부족에 지나지 않았다. 그러나 위구르 세력이 840년에 붕괴됨에 따라 서남쪽 몽골초원지대로 이동하여 살게 되면서 발전을 이룩하기 시작하였다. 요가 멸망한 후 13세기 초에 등장한 테무친(鐵木眞)이 여러 부족을 평정하고 내외 몽골리아에 세력을 확립하였다. 1206년 그는 족장회의(Khuriltai)에서 칭기스칸으로 추대되어 몽골제국을 세웠다.

칭기스칸은 멀리 서하를 제압하고 금을 공격하여 황하 이남으로 몰아냈으며 우수한 기마부대의 기동력으로 서쪽 중앙아시아의 호라즘(Khorazm)을 멸하였다. 칭기스칸은 1227년 서하 원정 중에 병사하였다. 그는 임종 직전에 송나라를 점령하고 금나라를 멸망시키는 전략을 유지로 남겼다고 한다.

칭기스칸이 이끄는 몽골군의 정복전은 참혹하기로 이름 높았다. 점령한 도시들은 대규모 살육을 저질러 폐허로 만들었고 포로로 잡힌 자들은 적 공격 시에 최전방에 내세워 몽골군의 방패로 삼든가 전멸시킴으로써 후환을 없애는 전법을 썼다. 호라즘의 수도 보하라의 함락 모습을 어느 작가가 다음과 같이 간결한 문장으로 남겨 놓고 있다. "그들이 왔다, 파괴했다, 태웠다, 죽였다, 빼앗았다, 그리고 사라졌다."[33)]

그가 죽은 후에도 몽골의 정복사업은 후계자에 의하여 계속되었다. 서하와 금을 멸망시킨 다음 유럽 원정을 단행하여 러시

33) 陳舜臣, 『耶律楚材』 上, 集英社, 2001, p.269에서 인용된 자와니의 『世界征服者の歴史』 참고.

아, 폴란드, 헝가리도 침입하고 독일 제후들의 연합군을 격파했으며, 서남아시아를 침입하고 이슬람 세계를 압박하여 압바스 왕조를 멸망시켰다. 이리하여 몽골제국은 13세기 중엽까지 동으로 중국의 북부 일대에서부터 서로는 러시아 서남아시아에 걸친 사상 유례없는 세계 대제국을 형성하였다.

몽골는 이 광대한 영토를 다스리기 위하여 유목민의 전통적 관례에 따라 정복지와 영민을 분배하듯 분봉하여 다스렸는데, 4한국(汗國)의 성립이 그것이다. 이러한 정복지의 분봉은 정복 전쟁을 부추기기도 했으나 지방분권화를 초래하였고 더 나아가 왕위계승 분쟁의 한 요인이 되기도 하였다.

원(元)의 세조인 쿠빌라이가 상속 싸움 끝에 제위에 오르자 한국(汗國)들은 각기 독립하였고, 이로써 몽골 세계 제국은 사실상 분열되었다. 쿠빌라이는 1271년에 수도를 카라코름(Khara Khorum)에서 지금의 북경인 대도(大都)로 옮기고 국호를 원(元)이라 하였다.

그는 티베트와 서남지방의 대리(大理, 雲南 지방)를 정복하고 동으로는 고려를 복속시켰으며, 일본과 동남아시아에도 원정하였다. 1279년에는 남송을 무너뜨려 북방 민족으로서는 처음으로 중국 전 영토를 지배하는 정복왕조를 수립하였다. 몽골는 중국지배를 위해서 몽골 제일주의 원칙을 세우고 페르시아, 아라비아 등 서방계의 각 종족인 색목인(色目人)을 중용하였으며, 남송 시대의 강남인인 남인(南人)과 한인은 피지배계급으로 천대하였고 유교를 경시하였다. 세조 쿠빌라이가 죽은 뒤 왕위 계승문제와 궁중의 사치, 라마교 승려의 횡포로 국정이 문란해져 갔는데 14세기 중엽에는 종교적 비밀결사인 백련교도의 난인 홍건적의 난이 일어나 결국 멸망하였다.

아시아, 유럽 대륙에 걸쳐 대영토를 차지한 몽골제국은 통치상의 동맥으로 교통로와 역참제를 발달시켰고, 이로 인해 동서교류는 원대에 이르러 더욱 활기를 띠었다. 십자군 원정 이래 유럽에서의 동방에 대한 관심도 크게 높아져 각국 사절과 교황청 사절 등이 원에 파견되기도 하였다. 13세기 말 교황의 사절 코르비노(Monte Corvino)가 대도(북경)에 파견되어 포교에 종사하였는데 이것이 로마 카톨릭이 중국에 포교된 효시였다. 이 밖에 원에 머물러 살다가 귀국한 이탈리아인 마르코폴로(Marco Polo)는 ≪동방견문론≫을, 모로코인 이븐 바투타(Ibn Battuta)는 ≪여행기≫를 남겨 동양에 대한 유럽인의 호기심을 자극하였다. 한편 몽골는 종교에 대해서는 관대하였기 때문에 이슬람, 크리스트교, 티베트의 라마교 등이 유행하였다. 특히 라마교는 세조에게 신임되어 존숭되었다.

그리고 원대의 문화는 당시 외국문화와의 접촉이 많았던 데 비해 중국 문화에 이해는 적었기 때문에 유학자들을 냉대하고 한때 과거제도를 폐지하기도 하였다. 이때문에 유학과 시문 등은 저조하였고 그 대신 송대 이래의 서민 문화가 발달하였다. 특히 소설에 ≪삼국지연의≫, ≪수호전≫ 등의 원형이 이루어졌다.

명대의 중국

원나라 말기에 일어난 백련교도는 미륵불의 하생(下生)을 믿는 비밀 결사였다. 그들이 머리에 붉은 두건을 둘렀다 하여 "홍건적"이라 불렀다. 이 홍건적의 반란에 가담했던 주원장(朱元璋)은 독자적인 세력을 키우며 군웅할거의 세력을 수습하고 1368년 금릉(南京)에 도읍하여 명(明)을 창건하였다.

태조 주원장은 원(元)을 장성 밖으로 몰아내고 한족에 의한 왕조를 부활시켰다. 명은 한(漢)민족 사상을 고취하고 중국의 정통성을 회복하기 위해 대명률(大明律, 형법)과 대명령을 제정하고 주자학을 관학으로 하여 과거를 정비하였다. 대명령은 후의 대명회전(大明會典)으로 발전하는 종합적인 행정법전이다. 또한 명(明)은 육유(六諭)라 불리는 도덕규범도 정하여 민중교화에 힘썼으며 조세징수와 치안유지를 위해 이갑제(里甲制)를 실시하였다.

홍무제의 사후 제위 찬탈 사건(靖亂의 변)이 일어나 황제에 오른 이가 영락제(永樂帝)이다. 영락제는 수도를 베이징으로 옮기고, 내정을 정비함과 동시에 대운하를 확장하여 화북과 강남 간의 물자수송의 원활을 위한 조운체계를 완성하였다. "북평(北平)"이라 불리던 베이징이 "북경(北京)"이라 불리기 시작한 것이 이때다. 15세기 초에는 이슬람교도인 환관 정화(鄭和)로 하여금 대함대를 이끌어 남해 여러 나라를 경략케하여 남방의 30여 개 나라가 명에 조공하게 되었고 동남아시아로의 화교 진출의 계기가 되었다.

영락제 사후, 안으로 관료의 부패와 환관의 횡포가 심하였으며, 밖으로는 몽골족의 북방침입과 중국 연안에서의 왜구들의 침탈이 심했다. 이들이 밀무역과 약탈을 일삼아 중국 연안은 물론 내륙까지 큰 피해를 끼쳤고, 고려 왕조 지역 연안에도 적지 않은 피해를 안겼다.

명(明)은 16세기 후반 들어 특히 임진왜란 당시 조선에 대한 원군 파견과 여진족이 세운 후금(後金)과의 전쟁 등으로 인해 군비부담으로 재정난을 겪었다. 뿐만 아니라 정계에서는 동림당과 반동림당 간의 관료 간의 대립에 의한 당쟁이 계속되었다. 농민들은 무거운 세금 부담에 대한 항조(抗租) 운동으로 각지에서 반란을 일으켰다. 그리하여 마침내 이자성(李自成)이 이끄는 농민군에 의해 1644년 명은 멸망하였다.

명대 사회에 주목되는 것이 선교사들의 중국 진출이다. 명은 태조 때부터 해금정책으로 대외 교섭을 금지한 상태였으나 중기 이후에는 점차 완화하였다. 그리하여 명나라 말기에 유럽인들 중 포르투갈인들이 마카오를 거주지로 삼아 중국과 일본을 상대로 무역에 종사하였다. 이들과 함께 들어온 것이 제스윗 교단(Jesuits)이다. 사비에르(Francisco Xavier)를 비롯하여 마테오 릿치(Matteo Ricci), 아담 샬(Adam Shall) 등에 의해 기독교가 전래되었고, 이와 함께 서양과학 지식도 전해졌다. 그러나 명대의 중국인들은 그 과학에 대한 연구나 원리에 대한 이해보다는 그 실용적인 면의 지식이나 흥미에 끌렸을 뿐이었다. 문화 면에서는 종래의 것을 계승하여 복고적이고 독창성이 없었다.

(4) 근대 중국 -〈청(淸), 중화민국(中華民國)(1600~1912)〉

{ 청대의 중국 } 청 왕조는 최후의 정복 왕조이며 중국의 황제지배 체제에 의한 마지막 왕조이기도 하다.

청은 중국 동북부 지방인 만주에서 명(明)에 복속되어 살던 퉁구스계의 여진족이 세운 나라이다. 16세기 말 명의 지배력이 약화되자 누르하치(太祖)가 여러 부족을 통일하고 1616년에 후금을 세웠다. 그리고는 태종 때에 팔기병(八旗兵)을 이끌고 명나라 군대를 격파하였다.

후금의 팔기 제도는 여진의 부족사회를 군사 조직화한 일종의 국민 개병제도로 기(旗)의 색에 의해 8개 군 조직으로 나뉘며, 만주인 사회조직의 기초였다. 태종 때에는 만주 팔기 외에 한인 팔기, 몽골 팔기를 편성하여 국가 통치의 기반으로 삼았다. 후금은 만주를 지배한 다음 1636년 국호를 "대청(大淸)"이라 칭하고 수도를 심양에 정하고 태종 스스로 황제라고 칭하였다. 이는 만주족의 국가가 아닌 통일제국의 전환을 의미하는 것이었다.

그 해 청(淸)은 조선에 군신의 관계를 맺을 것을 강요하다 여의치 않자 두 차례에 걸쳐 정벌을 단행하여 병자호란과 정묘호란으로 조선을 제압하였다. 그리고 중국 본토를 넘보던 차에 명은 농민 봉기로 시달리다가 이자성의 반란집단이 북경을 포위 공격하여 명군은 자멸하고 순정 황제는 산에서 목매 숨졌다. 명이 망하자 청의 순치제(順治帝)는 반란군을 진압하고 베이징에 입성하여 1644년에 전 중국을 지배하게 되었으며, 청 왕조는 4대 강휘제부터 옹정제, 건륭제로 이어지는 약 130년간 전성기를 누렸다.

청조는 수십만에 불과한 소수 북방 민족으로 문화 수준이 높은 수억의 한인을 300년 가까이 지배 통치한 정복왕조이다. 청조는 한인을 지배함에 있어 강경과 회유책을 병용하며 다스려 나갔다.

명의 제도를 본받아 중앙에 내각을 두고 그 밑에 6부를 두고 군기처를 설치하여 군주 독재체제를 강화하였다. 군제는 그들의 팔기군 이외에 상비군으로서 한인으로 조직된 녹병을 각지에 두어 치안을 담당케 하였다. 정부 요직에 만주인과 한인을 병용하였다. 그러나 한편으로는 한인들의 우월의식인 화이사상(華夷思想)을 잠재우기 위해 만주 풍속인 변발(辮髮)을 강요하고 금서(禁書)를 정하고 '문자의 옥'을 일으켜 사상을 통제하는 데 힘을 기울였다. 하지만 청은 한인의 오랜 수준 높은 문화를 존중하는 자세를 취했다. 또한 이는 한인 학자의 비판을 피하는 방법이기도 하였다.

그리하여 일부 한인 지식인(紳士層)을 참여케 하여 대규모 문화 사업을 벌였다. 또한 전통문화를 집대성하고 새로운 학풍을 대표하는 실사구시를 추구하는 고증학이 발달하였는데, 고염부, 황종희, 왕부지 등이 그 대표적인 학자이다. 또한 한인 학자를 동원하여 '강희자전', '고금도서집성', '사고전서' 등의, 실로 방대한 편찬사업을 벌였다.

문학에는 명대에 이어 희곡과 소설 등 서민 문학이 성숙하였는데 애정소설로 ≪홍루몽≫이, 관료사회를 풍자한 ≪유림외사≫, 단편소설에는 포송령의 괴기소설인 ≪요재지이≫가 유명하다. 회화 분야에서는 이탈리아 선교사 카스탈리오네(Guiseppe Castiglione)가 서양의 명암법이나 원근법을 전하고 이와 함께 서양식 건축 기법을 소개하여 유명한 원명원이 설계되었다.

청대에도 선교사들의 활동으로 서양학술이 소개되어 중국에 영향을 주기도 했지만 한편으로는 중국문화도 그 선교사들에 의하여 서양에 전해졌다. 특히 주자학 이론은 프랑스의 계몽사상가 볼테르(Voltair), 케네(Edgar Quinet)의 중농주의 사상 등에 영향을 끼쳤다. 그러나 제스윗 교단의 뒤를 이어 들어 온 다른 선교사들 간에 포교 문제로 분쟁이 생겨, 이른바 전례(典禮) 문제가 일어나게 되자 청조는 그리스트교의 포교를 금지시켰다.

청조는 건륭제 시대를 고비로 쇠퇴의 조짐이 나타나기 시작하였다. 이후 각지에서 반체제집단인 천지회와, 원말 이래의 백련교도 계통의 종교결사들의 난이 일어나 국력은 쇠퇴해 갔다.

서세동점과 중국의 대응

[아편전쟁] 그러다가 15세기 신항로 발견 이래 아시아로 진출하여 중계무역을 통해 이득을 본 유럽 각국들이 산업혁명 후 자본주의 생산체제로 바꾸면서 해외시장 확보를 위해 경쟁적으로 아시아로 진출하기 시작하였다. 이는 유럽 열강의 세계경 략의 신호였다. 이른바 서세동점(西勢東漸)이었다.

그중 영국은 18세기 후반에 이르러 중국의 외국무역을 독점하게 되었다. 그러나 거래 무역항은 광저우 한 곳으로 한정되었고, 그것도 공행(公行)이라는 관허 상인을 통해서만 할 수 있는 제한 무역이었다. 영국은 이를 타개하기 위해 외교적 노력을 기울였으나 실패하였다. 청조의 화이사상의 입장에서 볼 때 영국의 조공무역이 아닌 대등한 무역은 용인될 수 없는 것이다.

이에 영국은 중국과의 무역타개를 위해 칙명전권대사를 처음에 마카트니(Macartney)를 파견하고(1793) 다시 암허스트(Amherst) 경을 보냈다. 그러나 둘 모두 청 황제를 알현할 때 지켜야 할 소위 삼궤구고두(三跪九叩頭)의 예를 지키지 않아 청 황제의 무역거절의 칭령을 받아들고 돌아가야만 했다. 삼궤구고두의 예란, 3번 무릎 꿇고 그때마다 3번 엎드려 절하는 신하의 예이다.

당시 해외 무역품은 주로 중국의 차, 비단, 도자기, 면포 등으로서 중국이 영국에 이 물품들을 수출한 반면, 중국이 수입하는 물품이란 거의 없었다. 이러한 수출초과현상(片貿易)으로 인해 수출품의 결제수단인 막대한 양의 은이 중국에 유입되었던 것이다. 당시 무역거래의 통화수단은 스페인의 은화가 널리 통용되었다.

영국은 이러한 일방적인 편무역의 불리를 타개하기 위해 인도에서 아편을 재배하게 하여 중국에 밀무역을 도모하였고, 이 때문에 19세기 중국 내의 아편 소비량이 급격히 불어났다. 이에 따라 다량의 은이 반대로 해외로 빠져나가자(은의 유출) 청나라에는 재정상의 문제와 함께 국민 건강의 문제도 함께 야기되었다. 이에 청(淸)은 아편 수입 금지령을 내리고 1839년 청조정은 임칙서를 광저우에 파견하여 아편을 몰수 소각하는 한편 통상을 금하였다. 영국은 이 기회를 이용하여, 무역확대 등의 목적으로 전쟁을 일으켰다.

이 전쟁에서 청은 근대 무기를 갖춘 영국 화력 앞에 패하고 굴욕적인 난징조약을 체결하였고, 홍콩을 할양하고 5개 항을 개항하였다. 또한 이어서 다른 열강도 이와 유사한 조약을 체결하였다. 이 사건은 무력에 의한 문호 개방이었고, 청조 제국의 무력함이 드러난 사건이었다. 이 사건은 조선, 일본을 위시한 동양 정국에 가한 서양의 충격(Western Impact)이 아닐 수 없었다.

이를 계기로 한인(漢人)들의 서양 배척 운동이 높아지고 태평천국의 난이 일어났다. 영국은 조약 내용이 기대만큼 이행되지 않자 애로우(Arrow) 사건을 문제 삼아 제2차 전쟁을 일으켰다. 애로우 사건이란, 광동항에서 영국 국기를 달고 들어온 중국인 소유의 배인 애로우 호에 청국 관리가 올라가 중국인 선원을 해적 혐의로 체포하고 영국 국기를 내린 사건이다. 이를 기화로 영국은 영국 국기를 모욕했다고 시비한 것이다. 애로우 사건이 발발하자 여기에 프랑스도 가담하였고 청은 또다시 무력에 굴복하여 베이징 조약을 체결하였다. 이리하여 1943년까지 중국을 억압하는 불평등체제가 성립되었으며 중화제국은 열강의 반식민지국가로 전락되어 갔다. 일찍이 서구인에게 잠자는 사자로 여겨져왔던 청 제국은 종이호랑이로 비치게 된 것이다.

[태평천국 운동] 아편전쟁으로 인한 전비와 불평등 조약에 의한 배상금의 부담은 청나라 민중에게 무거운 세금으로 부과되었다. 청나라 관리들의 부패와 지방치안의 문란 등으로 민생은 한층 궁핍해져 각지에서 반란이 계속되었다. 광시성에서는 홍수전(洪秀全)이 상제회(上帝會)라는 종교 결사를 조직하고 청조의 타도와 평등사회의 실현을 목표로 반란을 일으켰다. 이 사건은 18개 성 중 16개 성에 파급될 정도로 중국 전역에 걸치는 대란으로 발전하였으며 홍수전은 난징을 점령한 후 국호를 세워 "태평천국"이라 하기에 이르렀다.

태평천국의 난을 일으킨 홍수전은 객가(客家, Hakkas) 출신의 사람이었다. 객가란 손님, 즉 그 토지 사람이 아니라 이주해온 사람을 가리킨다. 그들은 외지인이라 차별 속에서 견디며 살아온 사람들이었으며 그중에는 뛰어난 인물들이 많았다. 중화민국의 국부인 쑨원을 비롯해서 청말 시인 환준헌, 싱가포르의 이광요 전 수상들이 객가 출신이다.

홍수전은 과거에 낙방을 거듭한 끝에 실의에 빠져 있다가 꿈속에서 상제(上帝)를 만나 구세제민의 계시를 받고 기독교에 귀의했다고 한다. 그가 기독교사상에 뜻을 두게 된 것은 「권세양언(勸世良言)」이란 개신교 선전책자를 본 이후였다.

태평천국은 처음에 기독교를 표방하고 여기에 유교의 가치관을 혼합시켜 기독교의 천국과 유교의 이상인 대동(大同)의 이상 실현을 내세운 것이다. 대동의 이상이란 ≪예기(禮記)≫의 천하위공(天下爲公)에 근거한 것으로 대도(공명정대)가 행해지는 사회를 지향한다는 뜻이다.

태평천국 운동은 농지의 균등 분배, 남녀평등, 전족(纏足) 같은 악습의 금지, 배만홍한(排滿興漢)을 내세워 많은 대중의 지지를 얻었다.

전족이란 여성의 발을 작게 보이기 위해 어렸을 때부터 천으로 발가락을 조여 성장을 못 하게 한 중국의 전통풍습이다. 이것이 유행한 것은 16세기 경 5대 10국 시대의 하나인 남당(南唐)시대부터였다. 당시의 궁중에서 춤추던 궁녀의 발목이 초승달 모양으로 아주 작고 예쁘다는 평판이 나기 시작하면서 전족의 풍습이 민간에 널리 유행되었다 한다. 원대에서 명대에 이르러서까지 전족을 하지 않은 여자가 없었다 하는데 20세기까지도 우리나라 일부 화교 가운데서도 발견된 예가 많았다.[34)]

초기에 대중의 지지를 얻기는 했으나, 점차 태평천국 지도부는 내부의 권력투쟁과 타락으로 민중의 지지를 잃어갔다. 또한 청조는 태평군 진압에 나섰고, 청의 정규군으로는 역부족하였지만 한인 의용군으로 조직된 증국번, 이홍장 등의 상군(湘軍), 회용(淮勇)과 고든(Gorden)이 이끄는 외인부대 상승군의 힘을 빌려 1864년에 진압하였다.

중국의 국부라 일컫는 쑨원이 평가하듯이, 이 운동은 종래의 농민반란과는 달리 청조 지배에 대한 광범위한 농민항쟁이며 반봉건적인 민족해방운동이며, 또한 그것은 중국 사상 처음으로 정치, 경제, 경제, 민족, 남녀의 평등을 주창함으로써 종교,

34) 鳥山喜一, 『黃河の水』, 角川文庫 1974, pp.105-106.

사상, 사회 등 전반의 개변을 기도한 혁명운동이기도 하였다. 이 운동으로 중국의 내부적 모순이 드러났고 이에 대한 반성으로 양무운동, 변법자강운동, 신해혁명 등 제반 변혁 운동이 연이어 전개되어 나갔다.

[양무운동] 태평천국 운동을 통하여 청조의 부패와 무능함이 드러나고 그 권위가 실추되자 청나라 정계에서는 기존 관료들의 세력이 약화되었다. 반면에 전란 수습에 공이 큰 증국번, 이홍장, 좌종당 등의 한인 관료가 새로운 실력자로 등장하였다. 그들은 유럽의 선진 기술을 받아들여 군사력을 강화할 목적으로 조선, 군수공장 등을 세우고 외국에 유학생을 파견하였다. 이러한 움직임을 "양무운동"이라 한다. 그러나 양무운동은 중국의 전통적인 사상이나 제도를 고수한 채, 서양의 실용기술만 받아들이는, 이른바 중체서용(中體西用)에서 벗어나지 못한 한계를 가지고 있었다. 중체서용이란 중학(中學-중국사상)을 체(體)로 하고 서학(西學)을 용(用)으로 한다는 이론에 근거한다는 것. 즉 중국이 방법을 발명하고 그것을 서양이 채용한 것이라는 자세를 말한다. 이런 한계 때문에 양무운동은 실질적 효과를 거둘 수 없었다.

양무운동의 실패는 도구만을 근대화하고 가치는 근대화하지 않겠다는 고집 때문이었다. 서양의 과학기술은 그것을 낳은 스스로의 철학이 있었고 그것과 일체임을 의식해야만 했지만, 중국인들은 이것을 이해하지 못하여 절반의 근대화에 그쳐 위기극복에 실패하였다. 또한 양무운동의 주체들이 봉건관료 또는 매판관료 세력이었기 때문에 기존 봉건질서 속에서의 개혁이라는 한계를 벗어날 수 없었던 것이기도 하다. 그리하여 새로운 사상의 수용으로 제도적 변혁을 이루려는 운동이 필요하게 되었다.

아편전쟁으로 인한 중국의 패배는 당시 동양정국에 큰 충격이 아닐 수 없었다. 그러나 이 서양 충격에 대한 중국의 대응은, 여전히 전술한 바와 같이 정신문명에서는 중국 쪽이 우위라는 생각으로 "진 것이 분하다"라는 태도를 견지함으로써 패배인정에 인색한 대응이었다.

이에 비해 조선의 동학(東學)사상을 내세웠던 최재우는 "청나라에게 패배를 안겨 준 서양의 힘은 물질만이 아니다. 그것만으로는 그러한 힘을 발휘할 수 없는 것이다."하면서, 그는 서양의 물질문명에는 정신 즉, 학(學)에 있다고 하였다. 그것을 '서양의 학'이라는 뜻의 "서학"이라 부르고 그 기초 위에서 서양이 부강하게 되었다고 한 것이다. 그리하여 서양에 대응하기 위해서는 동학으로 대응해야 된다는 것으로서 그 초석은 조선의 민간신앙에 두고, 유 · 불 · 선 외에 천주교를 끌어들여 인내천(人乃天), 즉 인심이 곧 천심이라는 믿음을 신념으로 삼아야 한다고 하였다. 이것은 중체서용에 비해 정곡을 찌른 사상이 아닐 수 없다 하겠다. 뒤에서 다시 부연해서 설명하겠지만 이와 같이 유럽 열강의 아시아에 대한 충격(Western Impact)에 대한 동양 사회, 특히 동아시아 3국의 대응은 각기 다른 자세로 나타났던 것이다.

중국에서 양무운동이 진행되던 시기에 1868년의 메이지(明治) 유신으로 근대화에 성공한 일본은 1895년의 청일전쟁에서 승리를 거두었다. 이 전쟁에서 패한 후 중국의 지식인 사이에서는 민족과 국가의 위기들을 극복하려는 혁신적인 개혁운동이 일어났다. 캉유웨이(康有爲), 량치차오(梁啓超) 등은 일본의 메이지 유신을 본받아 입헌군주의 실시, 과거제도의 폐지, 교육제도의 개혁, 산업진흥책 등을 역설하였다. 이것이 "변법자강설(變法自强說)"이다. 이는 전통적 체제를 변혁하여 중국의 자강을 실현하자는 유신운동이었다.

당시 젊은 광서제(光緒帝)는 캉의 의견을 좇아 1898년 그의 일파를 등용하고, 문화와 제도 등 여러 분야에 걸친 개혁에 착수하였다. 그러나 서태후(西太后)를 중심으로 한 수구파들은 이 개혁에 반대하며 관서제를 유폐하고 정권을 장악하였다. 이것이 100일 만에 실패로 끝난 무술개혁(戊戌改革)이다.

한편 베이징조약으로 서양의 크리스트교가 공인되어 외국 선교사의 포교활동이 활발해지자 각지에서는 이들과 민중 간의 마찰이 발생하였다. 더구나 서구자본주의가 급격히 성장하면서 나타난 금융자본의 중국진출이 심해져 열강의 이권쟁탈로 조차지(租借地)가 설정되고 외국의 값싼 제품 등이 유입되었다. 이 때문에 특히 농민, 수공업자들의 생활은 더욱 악화되어갔다. 이에 배외운동이 한층 격화되어 1900년에 산동성에서 비밀결사인 의화단(義和團)이 부청멸양(扶淸滅洋)의 슬로건을 내걸고 폭동을 일으켰다. 의화단은 교회와 외국인의 부설 철도 등을 파괴하였고, 이 폭동은 외국인 살해 등 격렬한 배외운동으로 전개되어 나갔다.

의화단 운동이 일어난 산동성에 퍼진 민요, 민화를 보면 미래에 대한 기대나 현상 개선의 요구가 아닌 절망적 상황에 대한 분노를 읽을 수 있는데, 이것이 의화단 운동의 동기였다고 하겠다.

"먹을 것도 없고 마실 것도 없다. 오늘 그리고 내일 어떻게 사나 … 이래저래 죽는다. 이대로 끝날 수는 없다. 먼저 세(稅)로 빼앗긴 곡물을 빼앗고 그리고 모반이다. 외인(外人)을 죽이고 탐관오리를 찌르자. 죽을 각오로 싸워야만 살 수 있다. 살려고 기다리다가는 죽음뿐이다. 만약 또 이대로 얌전히 있다 보면 지치고 배고파서 우리는 모두 죽고야 말 것이다.[35]

의화단은 의화권(義和拳)이라는 권법과 봉술에 능한 무예조직 단체였기 때문에 민중들 중에는 의화단이 불사신의 마술(총알을 막는다는 장풍의 위력 등)을 갖는 집단이라 믿고 따르는 자가 많았다. 수구파 정권의 청조는 이들의 부청멸양의 의기를 살려 의민(義民)으로 공인하고, 이들과 협력하여 열강에 선전포고 하였다. 이리하여 의화단 운동은 서태후 수구파정권의 지원과 민중의 지지를 얻어 외세를 물리치기 위한 운동으로서 한 때는 텐진, 베이징까지 확대되어 진군하였다. 그러나 이에 위협을 느낀 열강이 연합하여 공동 출병함으로써 의화단의 치열한 항쟁에도 불구하고 참패로 끝났다. 북경을 점령한 연합군은 장병들에게 공개적인 약탈을 허용하여 자금성을 비롯한 이화원, 원명원 등의 귀중한 보물들이 해외로 반출되었다.

이 운동의 결과로 신축조약이 또 맺어져(1901년) 배상금 지불은 물론, 외국군대의 주둔이 허락되었다. 또한 청 조정은 서구

35) 西順藏 編, 『原典 近代思想史』 第三冊(辛亥革命, 岩波書店, 1977), pp.29-56.

열강의 간섭 하에 놓이게 됨으로써 중국은 반식민지로 확정되었다. 의화단 운동은 중국이 반식민지 위치로 굳혀지는 결정적인 계기가 되기도 했으나, 다른 한편으로는 열강들로 하여금 중국인의 격렬한 배외운동을 경험하게 하는 결과를 가져와 중국을 분할 · 지배하려던 열강의 과분(瓜分) 정책을 포기하고 보전(保全)정책으로 전환하게 만드는 계기도 되었다.

[서세 동점과 중국의 대응] 중국이 반식민지화가 진행되는 동안 한족 자신에 의한 민족국가 건설을 위한 혁신적인 지식층이 등장하게 된다. 특히 일부 해외 유학생, 특히 일본 유학생 간에 배만공화(排滿共和)의 혁명론이 대두되었으며 이들의 주도와 자극으로 각지에서 혁명운동이 전개되었다. 당시 일본에는 무술 변법 정변 후 캉유웨이, 량치차오를 위시한 개혁파 등이 피신해가 있었다. 혁명파로 일본에 있던 자도 적지 않았는데 쑨원도 1895년에 중산(中山)이란 성을 쓰며 일본인으로 가장해 체류하고 있었다. 일본의 중국 유학생이 1900년에는 110명, 1905년 일본의 러일전쟁의 승리 후에는 15,000명에 달했다 한다. 이들 중에서 급진적인 사상을 가진 학생 계층이 나와 새로운 세대의 혁명운동을 이끌어가는 주된 지도자들로 성장하였다.[36)]

혁명운동의 중심인물은 쑨원(孫文)이었다. 쑨원은 근대 중국의 혁명가로서 신해혁명의 지도자이다. 또한 중국에서 '공화제의 창시자'이자 국부로 칭송받고 있다. 그는 작가 출신이었는데,

36) J.K. Fairkbank, 『The United States and China』, Harvard University press, 1983, pp.208-213

광동성 향산현(香山縣)에서 가난한 농민의 아들로 태어났다. 소년기에는 하와이로 이민 가서 살다가 귀국 후 홍콩에서 의학을 공부하였다. 그때에 혁명동지를 만나 반청 혁명 사상을 갖게 되었고, 1894년 당시 북양 대신 리훙장에게 정치개혁을 요구하는 '의견서'를 제안했다. 하지만 리훙장이 만나주지도 않고 묵살하자 이후 혁명가로서의 길을 걷게 되었다.

쑨원은 러시아 혁명과 일본의 근대화에 자극을 받아 홍중회(興中會)를 조직하고 1905년에 일본 도쿄에서 여러 혁명 단체(黃興의 華興會 등)와 합류하여 중국 동맹회를 조직하고 그가 제창한 달로를 구축하고 중화를 회복하며(민족주의), 중국을 창립하고(민권주의), 지권(地權)을 평균한다(민생주의)를 회의 강령으로 하였다.

한편 청조는 1908년 헌법 대강을 발표하는 등 혁명운동에 대처하였으나 혁명의 기운은 고조되어 갔다. 그런 가운데 청조는 심각해진 재정난을 타개하기 위해 외국차관에 의한 간선철도의 국유화를 선언하였다. 이것은 외국자본을 끌어들여 열강의 제국주의적 진출을 허용함을 의미하는 것으로 혁명봉기의 직접적 계기가 되었다. 이 민중 봉기에는 민족자본가를 비롯하여 지식인, 해외 화교 유학생 등도 가세하였다. 이 운동이 가장 치열했던 곳은 사천성의 무한 지역이었는데 특히 무창(武昌) 주둔 병사들이 오히려 혁명에 가담하여 일거에 무창성이 점령되어 버린 일도 있었다. 이를 계기로 혁명운동은 전국으로 확대되었고 각 성(省)은 독립을 선언하기에 이른다.

그다음 해에 혁명세력은 난징에서 중화민국의 성립을 선언하고 쑨원을 임시 대총통으로 선출하였다. 이것이 신해혁명(1911-1912)이다. 청조는 원세개(袁世凱)를 총리대신에 기용하여 혁명을 진압하도록 하였다. 그러나 원세개는 청조에 등을 돌리고는 청조 황제를 퇴임시키고 자기가 대총통이 된다는 조건으로 혁명파 쑨원과 타협하였다. 이리하여 약 300년간의 이민족에 의한 정복왕조였던 청조는 무너지고 한인에 의한 공화국이 탄생되었다. 동시에 진시황제 이래 약 2000년 유지해 오던 황제지배에 의한 정치제도도 함께 종언을 고하였다.

이상으로 은 왕조로부터 청 왕조에 이르기까지의 역사를 요약 · 개관해 보았다. 이제 그 마무리로서 동양 근대화와 관련하여 학자들이 논의해 온 중국 사회의 특질에 대한 주제를 축약해서 소개해 보겠다.

먼저 중국 사회의 특질로서 꼽을 수 있는 것이 중화사상이다. 중화(中華 또는 中夏)라 할 때 '중(中)'은 세계의 중심이며 '화(華)'는 문화적으로 뛰어나다는 의미인데, 이 관념은 대체로 BC 11세기경의 서주 시대로부터 생긴 문화적 우월의식에서 비롯되었다고 전하고 있다. 하지만 은나라가 주 민족을 오랑캐시하고 주는 그들대로 주변 민족을 동이(東夷), 회이(淮夷), 서융(西戎)이라고 야만시하였다 한다.[37]

이로 미루어 보아 당시는 중국민족이 아직 통일성이 형성되

37) 金庠基, 『東夷와 淮夷, 西戎에 대하여』, 東方學志, 1954.

지 못한 단계라고 하겠고, 이후 춘추전국시대를 거치면서 여러 군웅 세력들이 중원에 중화문화로 흡수 동화되어 가면서 중화 개념이 확립되어갔다고 보겠다. 시기야 어떠하든 한족이 일찍이 고대 사회로부터 자기보다 미개한 주변 민족을 동이, 북적(北狄), 서융, 남만(南蠻)이라고 야만시하며 자기와 대립, 길항(拮抗)하는 문명세계의 존재를 인정하지 않았다.

그 후 유학이 체계화됨에 따라 중화사상은 예교(禮教)의 유무에 의해 인간을 구별하며 예교가 없는 다른 민족을 금수라 여겼다. 더욱이 천하는 중국황제가 이민족을 덕화한다는(德化主義) 천하국가의 관념이 생겨나 다른 민족 국가를 대등하게 대하지 않았다. 주변에 대등한 문명이 없이 수 천 년 고도한 문명을 보유한 채 지속하여 온 자부와 지대물박을 자랑하며 군림해 왔던 것이 중국인의 천하적 세계관을 조장한 것이다. 이러한 관념이 근대 중국에 있어 근대화의 느린 대응의 한 요인이 되었다 하겠다.

다음으로 언급해야 할 것은 황제 권력의 절대성과 이를 뒷받침하는 관료제도와 함께 이와 결부된 과거제도이다.

중국 황제의 권력은 다른 문화권의 정치권력과 비교했을 때 독특하다. 중세 유럽이나 서아시아(이란), 인도, 동남아시아 등의 사회에서는 정치권력과 종교적 권위가 병립한다든가 상호보완 관계에 있든가 하였고 일본 또한 에도시대 장군의 권력과 천황의 권위 역시 서로 공존하는 상황인데 반해 중국 황제의 권력은 이들과는 다른 차원의 것이다. 그것은 종교를 초월한 절대적인 정치권력이었다. 중국의 유학적 권위도 지배를 위한 정치철학으로서 황제권력에 봉사하는 한 그 존재를 허용한데 지나지 않았다. 이를 뒷받침한 중국의 관료제도는 황제를 정점으로 한 것으로서, 관료는 과거제도와 결부되어 비세습적으로 운영되어 발달하였다. 이는 동시대의 한국과 베트남에서도 마찬가지였다.

이런 중국의 과거제도를 18세기 서양의 계몽 사상가들은 신분이 세습되는 서구 사회와 대조해서 매우 훌륭한 인재 등용제도라고 보았다. 그들은 이 제도야말로 민주적인 제도로서 지적 농민에게 출세할 기회를 주는 것으로 여겼는데, 중국의 과거제도는 당시 중국에서 선교활동을 하던 예수교(Jesuits) 교단의 선교사들의 보고를 통하여 유럽에 알려졌다.

그러나 서양의 계몽 사상가들이 이해한 과거제도의 이상은 실제로는 불가능에 가까운 것이었다. 과거제도는 원칙적으로 문벌에 관계없이 만인에게 개방된 열린 제도이고 비세습적인 관료제도와 결부되어 있기는 하다. 그렇지만 현실적으로는 개인이 과거 시험을 통과할 수 있기 위해서는 장기간의 수험 준비를 견뎌낼 수 있는 경제적 기반이 필요했다. 과거라는 관리 등용시험은 시문(詩文) 등 문장의 문식(文飾)능력 테스트였는데, 여기에 응하려면 5만에 가까운 한자에다 추가적으로 다시 2차, 3차 또는 그 이상이 연결되어 거의 무한에 가까운 조합으로 생겨나는 어휘 숙어를 숙지해야만 했기 때문이다. 물론 여기에는 4서5경 등 한문 서적 내용의 독파와 암기 역시 필수였다. 땅을

갈아 농사를 지어 먹고 살아야 하는 일반 서민층은 이러한 한문 습득의 노력과 시간을 감당하는 것이 실제로 불가능에 가까웠다. 과거 제도의 개방성은 겉보기에 지나지 않았던 것이다.

오히려 그 제도의 폐단이 컸던 측면도 있다. 과거제는 황제 전제의 정치체제하에서 황제를 받드는 인재(관료)를 뽑는 것이었다. 그래서 체제 유지를 위해 관학인 유교 원리에 입각한 시험 제도가 필수적으로 요구되었고, 또한 이 시험은 형식상 황제가 직제하게 되어 있었다. 일단 관리가 되면 황제를 지극히 모시는 수족이 되어 고급관직으로 발돋움이 되는 것이고 그만큼 신분에 따른 권위와 권력이 따르게 마련이었다. 이것은 아시아 사회 특유의 관료부패를 낳는 근원이 되었다. 또한 이러한 사회에서는 관리가 되는 길이 출세의 유일한 수단이기 때문에 사회의 방대한 에너지가 과거에 투입되기 마련이었다. 그리하여 가치의 다양화는 기대할 수 없으며 주체적으로 새로운 삶의 가치를 모색하려는 의욕도 일어날 수 없었던 것이다.

또한 중국 사회는 신분제도와는 다른 의미에서 과거제도로 인해 국민들이 두 개의 계층으로 대분되었다. 즉 소수의 지식인(士, 士人, 士大夫, 讀書人)과 대다수의 민중 등으로 나뉘었던 것이다. 그리고 그 사회적 지위는 극단적으로 양극화되었다.

청나라 시대의 경우 관료 및 지식계급은 당시 3억 인구 중 그 수는 가족을 합하여 150-200만으로 추정되는데 1%도 되지 않는 이 소수가 지식과 권력, 그리고 무력까지도 독차지하고 있는 계층이었다. 이러한 상황이 과거제의 발달과 함께 계층 간에 심화되어 청대에 이르러 양극화가 극심해졌으며, 이것은 외세의 충격에 거국적 대응이 어렵게 되는 요인이 되었던 것이다.

마지막으로 한 · 중 · 일 세 나라의 근대화에 관련하여 학자들 간의 논의된 견해들 중의 하나로서, 근대화 성패의 원인을 세 나라의 정치기반(체제)의 차이에서 보려는 일부 견해를 참고로 소개하고 본 장을 마칠까 한다.

결론을 먼저 말하면, 조선 왕조와 청 왕조가 근대화에 실패한 원인은 새로운 시대 변화에 대응하기에는 두 왕조의 정치적 기반(체제)이 당시 일본의 정치 기반보다 강고했다는 견해가 있다. 이 견해에 따르면 한국과 중국은 공통적으로 과거제를 통하여 뽑은 뛰어난 인재들로 구성된 관료제가 왕조를 떠받들고 있고 사회지도층의 지식층은 중앙 정치무대를 지향하여 왕조에의 충성 의식이 배양되어 있는 사회였던 것이다. 즉 두 왕조는 유교 사회의 중앙집권에 의한 정치적 통합과 다양성의 억제를 그 특질로 하고 있었다. 이러한 사회에서 제도의 변혁이 시도되는 데에는 한계가 있었을 것이다.

이에 반해 일본의 경우는 막부 정권을 떠받드는 세력이 한 · 중과 같이 막강한 관료 군단이 아니라 부다이 다이묘(譜代大名)와 하다모도(旗本)였다. 이들은 도구가와 집안을 대대로 모셔온 신하들과 장군의 직속 무사들로 구성된 관료들로서 그 정권의 사회적 기반이 상대적으로 협소하여 자기들끼리만의 세력기반을 형성하고 있는 상태였다. 그리고 당시 도구가와 막부가 들어선 후에 유교 이념을 받아들여 통치에 반영하면서도 인재를 모으기 위한 과거제도는 채용하지 않았다.[38] 그것은 지방분권적 봉건제도의 우려 때문이기도 하였다. 이와 같이 막부 정권의 사회적 기반이 상대적으로 약했고, 더구나 막부의 권한이라는 것이 명분상 천황이 위임한 것이었기 때문에 천황이 이를 취소하면 막부의 통치권은 소멸될 수 있었다.

이런 상황에서 막부 말기에 미국의 무력에 의한 개방 요구(1853, 1854년의 미국의 페리(Perry) 동인도 함대 사령관)에 대한 정치적 무능함이 드러나자 존왕양이 운동을 주도해 온 지방 하급 무사들의 막부 타도가 격화되었다. 이에 1868년 천황이 정이대장군직(막부의 수장직)을 부인하는 선언을 하였다. 당시 막부는 아직 군사적 · 경제적인 여력이 있어 이에 대항할 수 있었음에도 불구하고 스스로 정권을 내놓고 말았다.

결국 근대에 이르러 한 · 중 · 일 세 민족의 운명을 갈라놓은 근본적 이유는, 메이지 유신과 같은 체제개혁은 공통적으로 시도되었으나 한 · 중에서는 개혁의 주도세력이 기존 체제 속에서 정치적 · 사회적 권위에 의지하려는 층인데 반하여 일본은 기존의 권력체제 하에서 소외된 지방 하급 무사층이어서 전통적 자치체계에 구애됨이 없어 체제 변혁이 가능했던 데에 있다고 할 수 있다.

38) 일본도 일찍이 왕으로부터 율령제도 도입시 과거제가 전하여졌으나 정착하지 못하였는데, 그 이유는 율령정권인 천황정권이 막부에게 실권을 상실하여 형해화되고 무가정권하에서 불교(선종)가 크게 유행하여 유교와는 거리를 두고 있었기 때문이다. 따라서 과거제의 정착이 어려운 데다가 지방 분권의 봉건제가 발달한 일본에서는 중앙에 인재를 모아드리는 것은 봉건제도의 붕괴 우려와 무사계급사회에서 그 신분에도 위협이 되어 실시가 불가능했다.

과거의 사실에 그치지 않고 무엇을 더 알아야 하는가?

역사관과 역사산책

자기 발전을 위한 문화 수용 시에는 바다를 젖줄 삼아 솜과 같이 적극 받아들이기도 하였으나 대륙의 정치적 변동으로 인한 위협이 감지될 경우 바다를 지리적 방패 삼아 문을 닫고 그동안 수용된 문명을 소화하여 독자적인 문화를 발전시켜 나갔다.

일본사의 이해

4

4. 일본사의 이해

(1) 일본문화의 특질과 국민성

한 국가의 문화나 국민의 특성 등을 한 마디로 단정해서 말하기는 어려우나 우리의 것과 비교하여 봄으로써 어느 정도 그 다름을 가늠할 수 있다. 예를 들면 같은 문화권 하에서 같은 문화를 받아들여 소화하는 데 있어서, 우리나라에서는 "사(士)"를 선비의 의미로 받아들여 문사(文士)의 의미로써 사용하고 있지만 일본의 경우는 "사(士)"를 사무라이라는 의미로 받아들여 쓰고 있다. 같은 한자 문화권 속에서도 이와 같이 서로 다른 한자 문화가 공존하고 있는 것이다.

일본인의 사상과 문화의 특성은 달빛과 같다는 말이 있다. 달은 스스로 빛을 발하지 못하나 발광체인 태양의 빛을 받아 자기를 반사시켜 보이는 것처럼 외래문화를 적극 수용하여 자기 것을 보전하면서 외래 것을 보다 단순화시켜 선명하게 가꾸어 나간다는 의미이다.

그들의 문자인 가나문자(假名文字)가 대표적인 예이다. 가나문자는 해서체(楷書体)의 획(劃)의 일부분을 따서 표음 문자화한 것으로서 각 글자는 한자의 편(偏)이나 획(劃)을 생략해서 만들어졌다. 일본어의 가나문자의 "ア"는 아(阿) 자의 왼쪽 편만을

택하여 만들어졌다."エ"는 강(江) 자의 오른쪽 방(旁)편만을 골라 쓰는 식의 생략법이다. 또한 초서체(草書体)로 흘려 쓰는 체를 간소한 자형이 소모가나(草假名)인데, 이는 후세에 히라가나(平假名)의 원형이 되었다. 히라가나는 주로 여자들만이 사용하여 "온나대(女手)"라고도 하였다.

일본어는 우리나라 말이나 영어에 비해 모음이 많이 사용되는 언어이다. 모음만으로도 말이 되는 경우가 많은데 이는 언어 생리상으로 볼 때 폴리네시아나 인도네시아나 언어와 같은 계통이라고 한다. 일본어의 언어생리는 남태평양계이고 문법상으로는 북방 알타이어 어족 계통에 속한다고 볼 수 있다. 일본의 어느 작가는 영어와 한국에는 자음이 많아 일본인들이 영어나 한국어 발음을 할 때 생리적 고통을 느낄 정도라고 말하고 있다.[39]

가나문자의 예에서도 알 수 있듯이 타 문화의 어렵고 복잡한 것은 단순 · 생략 · 간소화시켜 소화한다는 점에서 창의적이라기보다는 모방성이 강하고, 또 창조적(inventive)이라기보다는 개발적(innovatice)인 면이 강하다고 할 수 있겠다.

이렇듯 외국의 문화를 흡수하여 자기 문자화하는 적극적이고 의도적인 수용자세는 일본이 동아시아 변경에 위치한 섬나라로서 독자적인 문화의 원천을 갖고 있지 못한 데서 기인한다고 볼 수 있으며 따라서 일찍부터 한반도와 대륙의 선진문화를 받아들일 수밖에 없었던 것이다.

자기 발전을 위한 문화 수용 시에는 바다를 젖줄 삼아 솜과 같이 적극 받아들이기도 하였으나 대륙의 정치적 변동으로 인한

39) 司馬遼太郎, 『十六の話 司馬遼太郎』, 精興社, 1964, pp.14-15

위협이 감지될 경우 바다를 지리적 방패 삼아 문을 닫고 그동안 수용된 문명을 소화하여 독자적인 문화를 발전시켜 나갔다. 10-12세기경에 외래문화의 국풍화(일본화) 운동이 전개되었는데 전술한 가나문자의 발달을 위시하여 미술, 공예 등에서 이러한 경향이 뚜렷해 보인다. 이른바 일본적인 것의 원류라고 하는 헤이안 시대에 후지하라(藤原) 문화가 그것이다.

일본문화 평론가인 가토 슈이찌(加藤周一)는 그들의 문화의 특질을 "막다른 골목에 핀 잡종의 동질화"라 불렀다. 즉 온갖 문화를 받아들였지만 그것들이 따로따로 접목된 것이 아니라 송두리째 하나의 새 '잡종'이 되었다는 뜻이다. 이에 따르면 막다른 골목인 열도(列島)에 다양한 요소가 모이고 괴임으로써 오히려 '잡종'이라는 고르고 새로운 '종(種)'으로서 생겨난 것이 일본문화라고 할 수 있다.

이와 같은 일본의 역사와 문화적 특질을 그 근본에서부터 들여다보기 위해서 우선 그들의 신화의 세계를 살펴보기로 하자.

(2) 일본의 신화와 종교

일본의 신화에서는 신의 계보가 매우 다양하고 복잡하다. 하지만 현 황실의 조상이자 건국 신인 아마데라스 오오미카미(天照大神)의 계열을 중심으로 8세기 최고(最古)의 역사기록인 ≪고사기(古事記)≫와 ≪일본서기(日本書紀)≫에 나타난 기록을 참고하여 다음과 같이 정리해 볼 수 있다.

하늘과 땅의 구별이 아직 없었던 아주 먼 옛날 "다가마노하라(高天原)"라는 신의 나라가 있었다. 땅이 마치 물 위에 해파리 모양으로 떠돌아다니다가 점차 지면이 굳어져 가는 무렵 남녀 신(神)이 태어났다. 이들이 이사나기와 이사나미 남매 신이다.

이들이 하늘과 땅 사이에 걸려 있는 천부교(天浮橋)에서 바다를 내려다보며 창을 들고 기름과 같이 떠도는 곳을 휘저어 뿌리니 창끝에서 떨어져 나간 방울들이 굳어져 섬이 되어 일본 열도가 형성되었다.[40] 그 후 그들 남매(男妹) 신들은 자신들의 성기가 서로 다름을 보고 작대기 창을 꽂고는 그 주위를 도는 의식을 치른 후 구멍과 돌출을 맞추어 결혼한다.

여신(女神) 이사나미는 35명의 신(神)을 낳았으나 마지막 화신(火神)을 낳다가 화상(火傷)을 입고 죽는다. 죽은 여신은 저승(黃泉-요미)으로 가게 되었는데 그곳은 죽은 자들이 사는 곳으로서 산 자는 가지 못하게 되어 있었다. 그러나 이사나기는 여동생이자 부인인 이사나미가 그리워 땅 밑 황천을 찾아 나선

40) ≪일본서기(日本書紀)≫ 上. (岩波書店, 1981), pp. 80-81

다. 저승의 경계인 돌문 밖에서 부인을 불러 만나 줄 것을 간청한다. 이사나미는 모습은 안 보인 채 신들에게 간청하여 허락을 받아볼 테니, 그사이에는 자기의 모습을 볼 생각을 해서는 절대 안 된다(禁忌)는 말을 남기고 더 이상 말이 없었다. 이에 이사나기는 그 사이를 못 참고 돌문을 열고 들어갔다. 어두워서 자기 머리빗에 불을 붙여 굴속을 헤매다가 손에 든 불빛에 비친 이사나미의 썩은 시체 같은 비참한 모습을 보고 도망쳤다. 금기를 어긴 것이다.

이에 이사나미는 주위의 도깨비들에게 명하여 자신과의 약속을 어기고 수치스런 자기 모습을 보고야 만 이사나기를 쫓아가 죽이도록 명하였다. 도깨비들에게 쫓기면서 겨우 황천의 경계 지역의 산기슭에 도달하였을 때 복숭아나무가 있어서 이사나기는 그 열매 3개를 떼어내서 추격해 오는 도깨비들에게 힘껏 던졌다. 도깨비들은 이에 놀라 도망가 버린다.[41] 이와 같이 복숭아가 귀신을 쫓아내는 주력(呪力)이 있다는 것은 중국(中國)에서 그 이전에 일찍이 전해오고 있는 이야기이기도 하다.[42]

이사나기는 쑤쿠시(筑紫)란 곳에 다다라 냇가에서 황천에서의 부정(더러움)을 씻다가 세 남매를 탄생시킨다. 이사나기가 자신의 왼쪽 눈을 씻다가 낳은 것이 후에 태양신이며 건국 시조신이라는 아마데라스 오오미카미(天照大神)이다. 그리고 바른쪽 눈을 씻어 낳은 것이 달의 신인 쓰꾸요미노 미꼬도(月讀命)이고 그다음 코를 씻어 탄생한 것이 스자노오모 미고도(須佐之

41) ≪고사기(古事記)≫ 上, 岩波書店, 1981. p.52-58. pp. 64-65.

42) ≪일본서기(日本書紀)≫, 앞의 책, 神代. 上, 제5단의 보주 7. p.98

男命)이다. 이때 이사나기가 황천의 부정을 씻는 신화가 소위 '미소기하라이'(禊祓) 의식(儀式)의 기원이 된다. 미소기하라이 의식 역시 부정을 깨끗이 씻는다는 의미를 갖고 있다.

우리는 이 신화 속에서 남성의 연약함과 여성의 수치심이 강조되어 있음을 볼 수 있다. 신화는 사실을 윤색한 것이라 하며 그 나라 국민의 의식구조의 한 단면을 보여준다고 한다.

또한 무릇 신화에는 반드시 금기(Taboo Mana)가 따르게 마련이다. 이를 어기면 신으로부터 재앙을 입는 것으로 되어 있다. 일본 신화의 경우 '보지 말라'는 것이 금기로 되어 있다. 그리고 금기를 지키라는 쪽이나 이를 범하는 쪽이 다 같이 신들이고 그의 후손이 강림하여 인간세계를 다스린다. 즉 이승과 저승과의 차이가 확연치 않다.

이에 비해 서양의 기독교 신화에서는 금기인 '금단의 열매'를 뱀의 유혹에 넘어간 여성 이브의 권유를 받아 남자 아담도 이를 범해 에덴동산에서 추방당하고 만다. 금기를 부여하는 것이 신이고 이를 파하는 것이 인간이다. 인간은 그 후로 수치심을 느끼며 죄를 의식하게 된다. 기독교 신화에서는 수치심보다 죄의식에 역점을 두고 있다. 인간은 낙원에서 끝내 추방당해 신의 세계와 분리되어 인간 세계가 전개된다. 이로써 생긴 깊은 골을 극복하는 방법은 오직 신앙의 기적뿐이라는 것이다.

한편 한국 신화에서는 '먹지 말라'는 것이 금기로 되어 있다. 천제(天帝)의 서자인 환웅이 지상에 내려와 인간이 되고자 하는 곰과 호랑이에게 21일(7일×3) 동안 동굴 속에서 쑥과 마늘만을 먹되 햇빛을 보아서는 안 된다는 금기를 내린다. 그중에 금기를 지켜 이겨낸 곰과 결혼하여 단군을 낳는다. 이는 신과 지상 영물인 곰의 결합, 즉 천지가 화합하여 인간계를 홍익의 정신으로 다스려지는 것으로 되어 있다.

신화 상에서 나타나는 내용의 특징으로 볼 때 서양인의 행동을 규제하는 것은 죄의식인 반면 일본인은 염치나 부끄러움이라 볼 수 있다. 그런데 일본인의 수치심이란 도덕심에서 나오기보다 일본인의 일상 행동과 의식에서 수치심, 소위 '하지'(恥)의 규제를 받는다는 것이다.

즉 일본인들의 수치심은 남의 눈에 대한 의식, 즉 눈치에서 나오는 것이다. 일본인들은 자기의 실수나 잘못이 남의 빈축을 사서 부끄럽게 되거나 따돌림당하지 않을까 하는 두려움에서 사회의 예법이나 윤리의 틀에 따르게 된다. 소위 매뉴얼(manual-교범)에 따라 같이 행동하는 것이 몸에 숙달되어 있다 하겠다.

18세기 초 일본에 조선통신사의 제술관(製述官-통신사 일행의 문사(文事)담당관리)으로 갔던 신유한의 기록에 따르면 "구경꾼들이 줄지어 서 있는 것이 마치 고기비늘같이 가지런하고, 앉으면 무릎 꿇고 서 있다하면 양수거지, 키 작은 자는 앞줄에, 키 큰 자는 뒷줄에 다툼 없이 정렬하다. 그 간 수천 리 길을 돌아보는 중에 도열한 구경꾼들 중에 한 사람도 망동(妄動)하여 열을 범하는 법이 없다. 그들의 인심(人心)과 습속(習俗)이 훈련받은 병사들 같았다. 이는 예교(禮敎)가 있어서가 아니라 지방 태수들의 다스림이 오직 병제(兵制)에서 나오는 것 같이 군법의 집단적인 행동 규율 같은 것이었기 때문일 것"이라고 술회하고 있다.[43]

43) 신유한(申維翰) 저, 강재언(姜在彥) 역주, 『해유록(海遊錄)』(「朝鮮通信使の日本紀行」 平凡社, 1975, p.33, p.301.)

그래서 일본인은 집단으로부터 버림받는 것을 가장 두려워하는데 단체 행동에는 자기를 지우고 거리낌 없이 동참한다. 빨간 신호등도 함께 건너면 무섭지 않다고 할 정도이다. 일본의 유명한 감독 기다노 다께시(北野武)는 일본인이 주어진 규칙과 조건에 복종만 할 뿐 자기 생각을 밖으로 나타내지 않는 애매한 민족이라고 스스로 평하고 있다.

2011년 일본의 3.11 대지진 때 위기 앞에서 무섭도록 침착한 일본인들의 모습을 세계가 주목했다. 그러나 그 모습은 침착을 넘어선 체념과 숙명적 자세이다. 지진과 계절에 따라 몰아쳐 오는 폭풍에 시달려 온 그들은 극복하기 어려운 천재지변(天災地變)에 대응과 분투보다 극한 상황에 대한 수용과 단념에서 나오는 자세가 아닐까 한다. 동시에 예측을 넘어서는 자연재해 앞에서 통상의 단체 규범이 먹혀들지 않아 속수무책이 되는 것을 본다.

또한 큰 재난 앞에 동요 없이 침착하게 사재기 없이 줄 서서 차례를 기다리는 모습(준반: 順番)은 그들이 그동안 지켜 온 집단조직의 평형상태라고 하는 소위 '화(和)'를 깨뜨릴까 두려워서 인내하고 노력하는 자세라고 볼 수 있겠다. 영국 신문 기사에서 이런 일본인의 참사 대응자세에 대해 인류정신의 진화를 보여준 것이라 한 것은 지나친 격찬이라 하기엔 재음미해 볼 만한 의미 있는 평가라 할 수 있지 않을까 생각한다.

(3) 신도(神道)사상과 불교

신화 다음으로 문화적 특색으로 들 수 있는 것이 주술적인 신앙의 형태를 지닌 신도 사상이다. 그들이 믿는 신은 일반적으로 생각하는 초월적인 의미를 갖는 것이 아니다. 일본의 신은 신과 인간의 중간단계에 두고 섬기는 형태인데, 신앙 역시 덕을 쌓으면 내세에서 영생을 누린다는 차원이 아니라, '가미사마(神樣)'에게 복을 빌어 복을 받겠다는 관념이다.

신도란 12-13세기 불교를 모방하여 체계화한 데서 생긴 말이다. 신도는 교전(敎典)이나 교의가 없는 주술적인 토속신앙이어서 에도 시대에 신도학설이 나온 정도였다. 신도에서 신체(神體)는 인격 신뿐만 아니라 산천초목이나 짐승일 수도 있다. 이 신도 사상은 씨족 초락 등 사회적 공동체와도 밀접히 연결되어 있음은 물론이다.

미애현(三重縣) 이세시(伊勢市)에 있는 이세신궁(伊勢神宮)은 천황의 조상인 아마데라스 오오미카미(天照大神)을 받들어 모시는 곳으로 신도의 종주격 신사이다. 6세기 전반 백제를 통해 불교가 전래된 이후 불교 측 주도 하에 부처를 그들의 토속신인 신(神)의 상위에 올려놓고 그들의 신도 부처의 가르침을 받아 보살(菩薩)이 된다고 하였다. 그리고 더 나아가 신의 본지(本地) 즉 본체(本體)는 부처인데 부처가 인간을 구제하기 위해 형체를 바꾸어 이승에 그 모습(跡)을 나타낸 것이 신이라는 것, 즉 본지수적설(本地垂跡說)이 일어났다.

본지수적설이란, 자기 신들에게 불교식 이름을 붙이며 각기 신들을 특정의 아미타에 대응하는 부처에 적당히 이름 맞추어 불러 설명한 것을 말한다. 아마데라스 오오미카미(天照大神)의 본체(本地)는 대일여래(大日如來)라는 것이 한 예이다. 이렇듯 외래 불교가 일본 고유의 신의 신앙을 포용하되 불교 자체는 비속화되어 신과 불을 동일시하는 신불습합(神佛習合)의 풍조가 발달하게 되었다. 이 입장에 따르면 일본 천황도 석가모니가 현세불(現世佛)로 나타난 존재라는 것이다.

이는 한국이 불교가 칠성(七星) 신앙 등 고유신앙과 호조공존하며 신앙 되어 온 것과는 다르다. 즉 신앙 면에서 보면 불교가 고유 신의 도움을 받아 자주적으로 수용된 것이 한국 불교이며, 따라서 한국 불교에서 부처는 불교 전래 이후 오랫동안 고유 신의 하나로서 신앙 되어 온 것과는 대조된다 하겠다.

일본의 신사(神社)는 선조나 유공자들을 모시는 곳을 말하는데, 전국에 걸쳐 많이 산재해 있다. 특히 시마네현(島根県)의 이즈미(出雲) 신사는 천손강림설이 전하는 곳으로 우리나라 고대 신화와 관련이 깊은 곳이며 규슈(九州)의 오이따(大分)현의 우사(宇佐)의 하찌만(八幡) 궁(일본 전국 4만 개의 하찌만 궁의 본궁), 또 대마도(對馬島) 해안가에 와타즈미(和田都美) 신사 등은 고대 한국에서 건너간 제철기술 이민자들과 관련이 깊은 전설이 얽힌 신사(神社)들이다. 이들 신사들은 한반도를 향해 서 있다는 사실이 흥미로운데, 이 신사의 궁사(宮司)들의 이야기로는 선진 기술문화를 전해 준 고대 한국인들의 고향을 그리는 간절함을 반영하는 것이라고 한다. 망향의 수구초심(首丘

初心)이라 하겠다.

한편 일본에는 신사와 절이 나란히 이웃하고 있는 곳이 적지 않은데 이는 불교가 전래된 이후 신과 불을 동일시하는 신불습합의 풍조의 영향이다.

(4) 무사(武士)와 일본의 봉건사회

무사도란 죽는 일을 깨닫는 것

- ≪하가꾸레≫

일본에서는 무사를 사무라이라 한다. 사무라이를, 모신다는 뜻의 '侍'라고 부르기도 하는데 이는 12세기 가마쿠라 막부(鎌倉幕府) 이후 700년간 일본의 정치와 사회를 이끌어온 무사계급을 총칭하는 말이다.

일본말에 "잇쇼겐메이(一所懸命)"란 말이 있다. 이것은 열심히 일하겠다는 일상용어인데 그 연유는 사무라이들이 주군에게서 하사받은 영지(領地)에서 평생 목숨 걸고 일하겠다는 자세를 의미하는 데서 나온 말이다. 이에 대해서는 뒤에 상세히 설명하겠다. 일상용어의 출처가 사무라이와 관련될 만큼 일본문화에서 사무라이가 차지하는 비중은 매우 크다.

사무라이, 즉 무사의 발생은 10세기경 중앙의 통제력이 약해지면서 치안의 문란에 기인한다. 특히 중앙에서 파견된 관리들의 탐욕스러운 세금과 토지 포탈 등의 가렴주구(苛斂誅求)와, 무장 도적 떼들의 마을습격 등으로 사회불안이 증대되었다. 그러자 지방의 호족이나 지방 군주인 명주(名主)들은 관리의 횡포와 부랑인들의 위협에 맞섰다. 그리하여 치안유지와 토지 농민의 확보를 위해 그 일족이나 그 지배하의 농민들을 무장시키고 지방을 근거로 무사단을 조직하게 된다. 이들 무장한 무사들이 호족들의 호위세력이 된 데서 시(侍)라고 부르게 된 것이다.

이후 이들 무사 세력이 계층을 이루어 일반 농민들의 지도자로서 특권 신분을 누리는 계급으로 발전하여 개 중에는 무사단을 이끄는 호족으로 성장하게 된다. 한편 천황의 정치권한은 10세기 중엽에 황실 외척이 득세하여 어린 천황을 세워 대신 정치를 보살피는 섭관정치(攝關政治) 형태가 시작되면서 유명무실하게 되어갔고 조정은 단지 의례를 주관하는 형식상의 존재가 되었다. 이런 가운데 무사로서 큰 세력을 이룬 두 거대 호족이 등장하여 천하의 패권을 다투게 된다. 즉 헤이시(平氏)와 겐지(源氏)의 두 가문 세력이다. 이 중 헤이시는 겐지보다 앞서 황실에 공을 세워(平治의 亂) 신임을 얻어 실권을 잡고 황실과는 인척을 맺어 정권을 세우게 된다. 이에 견제세력인 겐지는 그를 동조하는 반 헤이시 타도 무사단을 이끌고 거병을 한다. 이 대립은 내란으로 번지고 끝내 나가토(長門-현 下關의 壇浦) 해전에서 대결하게 되었다. 이 싸움에서 헤이시 일문은 패하고 그의 외손인 어린 천황은 외숙모 품에 안겨 바다에 익사하였다. 이때에 천황위(天皇位)의 상징인 삼종신기(三種神器) 중 구슬과 칼도 함께 없어지고 지금은 이세(伊勢) 신궁에 거울만이 남아있다. 이 해전에서 승리를 거둔 겐지 가문의 미나모토 요리토모(源賴朝)는 황실에서 정이대장군(征夷大將軍)에 임명되어 대권을 장악하게 된다.

정이대장군이란 원래 천황의 칙령을 받들어 반도(叛徒)들 정벌에 공이 큰 군대의 총 대장에게 내리는 직명이었으나 이때부터 막부를 주관하는 직명이 되었다.

그리하여 1183년에 가마쿠라(鎌倉)에 막부(幕府)가 성립되면서 막부를 거느리는 장군과 "고 게닌(御家人)"이라는 가신 사이에 봉공(奉公)과 어은(御恩)의 상호관계가 맺어졌다. 봉공이란 주곤에 대해 봉사하는 것을 말하며, 어은이란 토지의 급여를 말한다. 이를 시작으로 주군(主君)과 가신(家臣)이라는 주종 관계가 전국적으로 전개된다. 이 관계를 봉건 관계라고 한다. 이에 근거하여 일본 봉건제도의 성립을 가마쿠라 막부로부터 시작된 것이라고 보는 것이다.

여기서 '막부(幕府)'란 어원적으로는 중국에서 출정 중의 장군의 막영(幕營)을 의미한 것이었으나 이 말이 전화되어 당시 율령체제 하의 근위대장의 거관(居館)의 의미로 사용되었다. 이것이 무가정치(武家政治)의 정무의 저택을 의미하는 역사적 개념으로 사용된 것은 에도시대 후기의 일이다.

이러한 봉건제도는 서양 중세의 쌍무적이고 인격적인 계약관계로 맺어진 것과는 구별되는 것으로, 주군에 의한 인신 지배와 예종 관계로서 가부장적인 윤리에 따르는 관계이다. 그 윤리적 개념에 있어서는 충(忠)이 주종관계의 기초가 되는 도덕이었으며, 효(孝)는 무사단 내부의 동족 간의 단결의 중심이 되는 도덕이었다. 특히 가신(家臣)인 사무라이는 주군의 은혜와 보호에 대상(代償)으로서 충성스럽게 한 몸바쳐 무용(武勇)으로 보답해야 했으므로, 무용의 수단인 도검은 사무라이 신분의 상징이기도 한 것이었다. 그리하여 도검에 의지하는 마음이 심화하여 후에는 물신숭배(物神崇拜)적인 애호의 대상으로뿐만 아니라 예술의 단계까지 발달하게 된다.

일본의 도검과 관련해서는 두 가지 사실이 흥미롭다.

첫째는 왜 도검이 신분의 상징이 되었는가 하는 것이다. 그 이유는 동아시아에서 한자 문화권 중에 일본만이 과거제도를 시행하지 않았다는 점에서 찾을 수 있다. 메이지유신 이전까지 일본은 인재 등용제도인 이 제도를 시행치 못하였다. 그 이유는 당시 사회가 엄격한 세습적인 신분 사회인데다가 지방분권 체제인 봉건제도하에 무사계급 사회의 붕괴의 우려가 컸기 때문이다. 뿐만 아니라 과거에 응시할 의욕과 능력 또한 사회 전반적으로 부족했기도 하다. 이에 비해 유교 이념의 조선 조 시대는 과거제를 통한 신분상승의 이념이 구현될 수 있었다.

한문을 연마한 뒤, 벼슬길이 열려서 수신제가 치국평천하(修身齊家, 治國平天下)하는 붓을 든 선비들과는 달리 일본 정치의 주체는 '칼 쓰는 사무라이'들이었다. 하지만 당시의 일본 사회는 사무라이들이 비록 수신제가는 못해도 치국평천하할 수 있는 사회였기는 하다. 도요토미 히데요시(豊信秀吉)의 출세가 그 대표적인 예이다. 그러나 그의 출세는 주군을 충성스럽게 잘 모신 결과이다.

미국의 역사학자 라이샤워(E.O. Reichauer) 교수는 이러한 일본사회를 '목표를 지향하는 사회'라 하였고, 이에 비해 한국, 중국 등의 사회는 '지위를 지향하는 사회'라고 하였다.

둘째는 일본의 도검의 모양새 변화이다. 일본의 도검, 즉 칼은

7세기까지 양날을 가진 일직선의 검(劍)이었다. 그러나 이는 휘두르기보다 찌르기에 적합한데다가 찌르면 손에 충격이 왔다. 이에 반해 칼이 휘어져 있으면 충격이 훨씬 덜어지고 칼집에서 꺼내기도 쉬운 편이었다. 그래서 점차 칼이 휘어지게 되어 한쪽 날만이 있는 도(刀)가 7세기 말에 나타나게 된다.

전술한 바와 같이 각지에서 발생한 무사집단 내부에서 자란 도덕은 가마쿠라 막부시대에 들어서면서 일본 중세의 봉건 생활윤리로서 발달하였다. 하지만 그것은 주종관계를 유지할 목적에 따라 충과 의리를 특히 강조된 것이었다. 그중의 기리(義理)는 주군이나 친족 또는 타인에게서 받은 은혜나 도움 따위에 대한 보답으로서 영력(靈力)을 다하는 의무감이지, ≪논어≫에 기초한 유교사상에서 말하는 의리명분과는 차이가 있는 윤리개념이다.

기리(義理)는 무사로서의 생활윤리이며 주군 또는 집단, 세상 여론이나 평판에 따르는 의무감을 말한다. 당시 일본사회에서는 전술한 바와 같이 과거제도가 없고 모든 관직은 세습되기 마련이어서 오직 주군에 의지할 수밖에 없었다. 따라서 많은 인재가 원망과 탄식으로 세상을 떠난 이야기가 앞서 소개한 당시 조선통신사의 일본기행 등에 기록으로 남아 있다.[44] 일본 씨름인 스모(相撲)의 심판인 교지(行司)는 지금도 항상 칼을 차고 있다. 이것은 판정을 잘못하였을 경우 할복자살하기 위한 것이다. 이것 역시 집단 규범을 지키지 못한 의무감 때문인 것으로서 이

44) 신유한, 앞의 책, pp.298-300.

와 같은 사회상을 반영하고 있다.

기리의 또 하나 중요한 측면은 그것이 이름에 대한 기리, 즉 직분(職分)에 따른 체면에 대한 기리라는 점이다. 이때문에 일본인들은 자신들이 도덕적으로 잘못 저지른 것이나 그 결과를 인정하려 들지 않는 경향이 있다. 이는 수치심과도 관련이 있어 실패와 무지를 인정하지 않는 성향이 되기도 한다. 일본이 과거에 저지른 침략행위, 군 위안부 문제, 야스쿠니 신사 참배 문제 등에 대한 정치가들의 태도도 이 이름에 대한 기리 때문이라고 하겠다.

일반적으로 일본의 무사도라는 것은 사무라이가 활개치던 때와는 달리 시대적으로 훨씬 뒤인 17세기 에도시대(江戶時代)에 들어와서 학문이 흥융해짐에 따라 유교의 도덕사상에 의한 이론에 바탕하여 확립된 것이다. 그 출발점은 무사들의 미담을 정리한 것인데, 이것 역시 이념적 차원의 무사도가 아니라 농,공, 상인들의 사표(師表)로서의 모범적인 도(道)를 강조한 것이어서 무사 윤리(武士倫理)의 실상과는 거리가 있는 것이었다.

(5) 일본의 전국시대

여하튼 중세 가마쿠라 시대에 형성된 주종관계의 유지 덕목인 봉건 윤리는 13세기 몽골침입으로 일본의 정치적 균형이 와해(瓦解)되고 장군 세력이 약화됨에 따라서 같이 무너져버린다. 이에 사무라이 실력자들이 멋대로 행동하여 국가권력은 지방 유력자들에게 분산되고 강자만이 살아남을 수 있는 시대가 도래한다. 그중 무리를 지어 세력을 이루면 다이묘(大名)가 되었고, 이들이 각각 자치정부를 세워 이웃 세력과 다툼을 벌였는데, 이로 인해 100년간의 내란 시대를 맞이한다. 이 시기를 "전국시대"(1467-1568)라 한다.

전국시대는 봉건시대의 충성이란 간 곳 없는 하극상의 시대였다. 사회의 엘리트 계층 간의 싸움이 빈번하였다. 아들이 아버지를 축출하고 형제간에 세력다툼을 벌였으며 조카가 삼촌을 암살하였고, 하급 사무라이들 역시 자기에게 유리한 편에 서는 배신행위가 비일비재하였다. 사무라이들 간의 세력 경쟁 싸움은 전술상에도 혁명이 일어나 종래 말 타고 활 쏘는 기병 전의 전술은, 전투원이 늘어남에 따라 보병 전으로 전투양상이 바뀌었고, 병참과 행정이 중시되었다. 일정 지역을 차지하고 다스리며 세금을 걷어 신병을 모집하고 대군(大軍)의 위세를 갖춰가며 전쟁의 규모가 커지자 16세기에는 성(城)이 등장하였고 성(城) 위주의 전투가 전개되었다. 숱한 전쟁경험은 검술을 비롯, 전쟁기술의 발달, 전쟁기술자들이 쌓은 노하우(Know-how)는 그 후 사무라이 지도자들에게 무술과 함께 지적・정신적 재산이 되어 갔다. 오늘에 전하는 진검 승부(眞劍 勝負), 검법이나 동작의 조화를 지향하는 소위 이아이도(居合道)의 수련법이 그 예들이다.

한편 앞에서도 말했듯이, 일반적으로 알려진 일본의 무사도라는 윤리적인 사상체계가 갖추어진 것은 전국이 안정기를 맞게 되는 17세기 에도시대의 일이다.

100년에 걸친 전국 시대의 혼란을 수습한 사람은 다이묘(大名) 오다 노부나가(織田信長)의 시종(侍從) 출신의 도요토미 히데요시였다. 그는 뛰어난 지략과 무자비한 군사전략으로 1590년 전국의 다이묘(大名)들을 굴복시켜 천하 통일을 이루었다. 이에 계급 제도를 만들어 이른바 사농공상(士農工商) 등의 신분제도적 계급사회를 정착시키면서 4계급 중 무사를 제일 위에 올려놓았다. 그리고 사무라이만이 칼 두 자루를 의무적으로 차게 하여 특권신분을 누리게 하였다.

사무라이들은 길고 짧은 두 자루의 칼을 찬다. 긴 것은 베고 찌르기 위한 칼이고, 작은 것은 상대를 겨냥해 던지는 칼이다. 또 사무라이들에게는 기리스떼고맹(切捨御免)이란 특권이 허용되었는데, 이것은 평민이 무사의 권위를 해칠 경우 즉결처분할 수 있는 권리이다. 그러나 그만큼의 책임도 무거워서 사농공상(士農工商) 4민의 귀감이 되어야 하는 행동도 요구되었다. 말하자면 노블리스 오블리제(Noblesse Oblige)라 하겠다.

사무라이의 자존과 체면의식을 강조한 속담(諺)이나 관용어구의 사례를 몇 가지 들어보자.

"명(命)이 길면 수치도 많다."

"무사는 굶어도 먹은 체하고 이를 쑤신다."

"정의는 강한 자에게만 있다."

"세상에서 가장 아름다운 것은 부모와 주군의 원수를 갚는 것."

"야세가망(痩せ我慢) - 볼품없이 말랐어도 기죽지 말고 버티라는 뜻"

특히 마지막 구절은 이는 메이지시대 신사상의 선각자인 후쿠자와 유기찌(福澤諭吉)가 일본인의 독립저항 정신을 고무하기 위해 주장된 어구이다.

또한 무사의 충은 자기의 혼이나 마음을 주군(主君)에게 던져버리고 자기를 무(無)로 만듦으로써 주종 간의 신뢰(信賴)관계가 성립된다는, 소위 신체와 혼의 괴리 감각에서 온다고 할 수 있다. 그래서 할복자살이나, 후설하는 '주신꾸라(忠臣藏) 사건'에서 보여 주듯 집단자결이 의식(儀式)처럼 행해진다는 것이다. 이것은 우리 선비들의 충(忠) 의식(意識)과는 다르다. 즉 선비의 충은 임금의 명이라 하더라도 의(義)롭지 못한 일이면 좇지 않았다. 예를 들어 연산군의 충신 김처선처럼 죽음을 각오하고 임금의 그릇됨을 깨우치고자 한 것이라든가, 혹은 나라 잃은 망국(亡國)의 한(恨)을 품고 불의(不義)를 용납 않겠다는 개개인의 순교이거나 적과 싸우다 죽는 순국이다. 일본 사무라이의 충은 이러한 우리의 충의 정서와는 다르다.

그렇다면 여기서 다시 앞서 언급한 일본 무사들의 충(忠)에 대해 좀 더 알아볼 필요가 있다. 충(忠)은 본래 공자의 유교사상의 중심인 인(仁)의 구체적 방법으로서 자기를 다하는 자연스러운 참마음을 의미한다. 참마음이 위로 향하면 충·효가 되고 옆으로 향하면 우애이며, 아래로 향하면 자애 등으로 나타나는 것으로 인륜의 실천적 원리가 되는 것이다.

효의 개념도 경전의 하나인 ≪효경(孝經)≫에 이르기를 사회 계층에 따라 천자(天子), 제후(諸侯), 경대부(卿大夫), 선배(士), 서민 등으로 다름을 언급하고 있다. 그중 ≪효경(孝經)≫ 사장(士章)에 이르기를 선비의 효는 "아버지를 섬기는 것을 바탕으로 하여 어머니를 섬기되 사랑하는 마음이 같아야 하며, 아버지를 섬기는 것을 바탕으로 하여 임금을 섬기되 공경하는 마음이 같아야 한다."라고 하였다. 즉 어머니에 대한 사랑과 임금을 향한 공경하는 마음을 다 겸하고 있는 것이 아버지라는 뜻이다. 그래서 효로서 임금을 섬기면 곧 충이 된다. 이것은 아버지에 대한 효를 뿌리로 삼아 어머니에게는 사랑을, 임금에게는 공경하는 마음으로써 충성하자는 뜻인데, 이는 신하된 선비로서 임금에게 의리로 섬기라는 의미이다. 그리하여 한국에서는 효를 충보다 우위에 두되, 나라가 위기에 처했을 때는 충을 앞세워 구국을 위해 헌신함으로써 부모에게 욕되게 하지 말아야 한다고 하였다.

이에 반해 일본의 무사도에 있어서는 충이 언제나 효보다 앞서는 우위의 관념이다. 과거제도가 없기 때문에 글 선비 층이 없어 출세의 길이란 큰 사람(大名)을 만나 섬기는 기회를 얻어야 하며, 그래야만 의식(衣食)과 신분이 보장되는 것이었다. 무사 사회의 성립배경은 앞서 말한 바와 같거니와 이와 같은 지배계급의 주종 질서를 공고히 하기 위해 종적(縱的)인 도덕률인 충효관념이 적극 수용되었다고 하겠다.

그리하여 일단 주군을 섬기는 사무라이가 되면 주군의 명(命)이라면 그것의 분별을 떠나 불길에 뛰어드는 나방과 같이 죽음을 개의치 않는다. 숙종 45년인 1719년에 조선통신사 제술관으로 갔던 신유한의 기록에 의하면 군졸들이 죽을 줄 알면서 불나방같이 등불에 뛰어드는 것은 주군에 대한 의리라기보다 생계여부가 주군에 달려 있기 때문에 그렇게 할 수밖에 없었다고 한다.[45]

또 무사들의 무예의 경합에서 도창(刀槍)의 상흔이 얼굴에 있으면 용감한 자라 하여 상을 내리지만 귀 뒤에 있으면 적에게 등을 보인자라 하여 배척된다. 이것 역시 일본 사무라이의 충과 같은 맥락에서 이해될 수 있다.

이렇듯 충과 무용은 사무라이에게는 봉공의 근간이 되는 것이며, 그의 사회적 신분과 특권을 유지하는 데 필수적인 의무이다. 따라서 이 기리(의무)를 다하기 위해 영력(靈力)을 바치지만, 일단 그것이 불가능함이 명백해지면 자기의 사회적 존재의 포기로서 셋부쿠(はらきり, Belly cutting)를 한다. 할복자살을 의미하는 셋부쿠라 사무라이들의 자결 의식으로서 인습화된 것은 12세기 말경부터라고 전한다. 당시에 보원의 난((保元의 亂) 전투에서 궁지에 몰린 미나모토 다메도모(源爲朝)가 배를 십자형으로 갈라 죽은 이후 셋부쿠는 전투에서 진 사무라이들의 의

45) 신유한, 앞의 책, p.288.

식이 되었는데, 이는 두려움 때문이 아니라 명예를 지키기 위함임을 보여주기 위한 것이었다고 한다.

할복의식을 지키지 위한 '최후의 사무라이'로 알려진 19세기 사이고 다카모리(西鄕隆盛)는 막부 말기 유신 운동 지도자였다. 그는 정한론(征韓論) 실패 후 정부에 반항하다가 싸움(西南戰爭)에서 패해 스스로 할복 의식을 차리지 못하고 자결했는데, 그것은 엉덩이에 상처를 입어 정좌를 못해서 의식을 포기하고 그냥 자살했던 것이다.

이와 같이 무사들의 자결행위는 싸움에서 한계를 느꼈을 경우, 자기 사명을 못다 한 경우, 주군의 명에 의한 경우 등의 경우가 대부분이다. 그런데 한 가지 드문 예가 있다. 군국주의 시대의 충군애국에 철저한 군인의 대표적인 예로서 육군 대장이며 학습원 원장을 역임했던 노기 마레스케(乃木希典)의 사례가 그것이다. 그가 충성을 다했던 메이지(明治) 천황이 죽은 날 자택에서 천황의 장례행렬을 지켜보던 그는 부인과 함께 할복의식을 갖추고 십자 문자로 긋고 순사하였다.[46] 이와 같이 사무라이들에게서 섬기던 주군의 죽음을 따라 같이 순사하는 경우는 드문 일이다. 귀족인 신분의 그가 부인과 함께 중세적인 극적인 할복의식으로 순사했다는 사실은 세계인에게 큰 충격을 안겨주었다.

46) 시바료 타로오(司馬遼太郎), 『殉死』, 文春文庫, 2001, 참조.

(6) 봉건윤리와 무사도

이러한 무사도라는 사무라이 정신이 윤리적인 사상체계를 갖추게 된 것은 전술한 바와 같이 에도 시대 이후의 일인데, 19세기에 이르러 이를 유교적 사상 기초 위에 이론화시킨 사람이 유학자 야마가 소코오(山鹿素行)이며, 무사도를 일본의 정서이자 상징으로서 외국인들에게 인식되게 한 책이 교육자이며 한 때 외교관이었던 니토베 이나조(新渡戸稲造)가 1900년에 쓴 영문으로 된 『BUSHIDO: The Shoul of Japan』 이다. 그는 이 책에서 벚꽃과 사무라이는 일본의 정신, 즉 야마토 다마시(大和魂)의 상징이라고 주장하면서 사꾸라는 국민성의 상징이고 무사는 일본 국민의 아름다운 이상이라고 하였다.

그는 국학자 모토오리 노리나가(本居宣長)가 쓴 다음과 같은 노래 시를 소개하였다. "누가 일본의 정신을 묻는다면 아침 해에 향기를 내뿜는 산벚꽃이라고 서슴없이 대답할 것이다." 노리나가는 이 구절을 인용하면서 "서양의 장미는 생명에 집착하여 미련없이 지기보다 가지 위에 버티며 썩어가는 것을 좋아하듯 죽기를 싫어하며 두려워하지만, 사꾸라는 버려진 야채와 같이 늘어지게 오래 살기보다 때가 되어 계절이 변해 바람이 불면 미를 안은 채 한순간 사라져버리는 것이 야마토 다마시의 전형이다"라고 술회하고 있다. 또한 "무사도는 모름지기 때가 되면 죽음을 깨닫는 것이다. 꽃은 사꾸라, 사람은 무사, 이것이 일본의 정신이다"라고 하였다.

이러한 무사도의 정수의 윤리적 체계화는 임진란 이후 등장한 도쿠가와 막부 시대를 배경으로 한 것이다.

도요토미의 치세는 10년을 못 채우고 끝나고 도쿠가와 이에야스(德川家康)에 의한 에도막부가 열려 막번체제(幕藩體制)라는 새로운 정치체제가 19세기 메이지유신(明治維新)이 일어나기까지 약 265년간을 지배하게 된다. 이 체제는 장군과 다이묘가 강력한 영주권에 의해 통치하는 국가기구이다.

장군은 절대적 지배자로서 막부를 장악하고 그 밑에서 다이묘의 번(藩)이 자치권을 행사하였으나 그 자치권에는 여러 제약이 있었다. 막부가 절대 지배를 강화하기 위해 다이묘들은 영지를 장군에게서 받는 것으로 되어 있었으며, 다이묘는 처자를 인질로서 매년 4월을 교대기(交代期)로 에도에 보내 머무르게 하였다. 또한 전국의 다이묘는 반년씩을 에도와 그의 영지인 고향에 번갈아 근무케 하는 참근교대(參勤交代)를 지켜야만 했다.

이 외에도 막부 정권은 군역(軍役)을 과한다든가 혼인정책을 통해서 다이묘(大名)에 대한 통제와 감시를 지속하여 막부의 절대 지배권을 확립해 나갔다. 이러한 **막번체제를 두고 봉건제의 바탕 위에 선 중앙집권 정치체제라고도 한다.**

여기서 번(藩)이란 중앙의 각부를 중심으로 지방에 흩어져 있는 다이묘의 통치지역을 말하는 것이다. 일본은 중국이나 한국과는 달리 섬나라로서 4개의 큰 섬과 수천 개의 섬으로 구성되어 있으며 2천 미터가 넘는 산들로 이루어진 산맥과 이에 따른 강도 많아 지역 구분이 뚜렷한 편이다. 따라서 지역에 따른 풍토와 풍습이 달라 일찍이 고대로부터 각기 자기 고향을 구니(國)라고 불러왔다. 이러한 지역을 기반으로 하여 260여 개의 번이 존재하게 되었는데, 중앙세력이 정치적 편의에 의해 이들 번(藩)들을 연합시켜 조정 내지 통할해 오다가 도쿠가와 막부(幕府)가 들어서면서 이에 대한 중앙집권적인 통제가 강화되었던 것이다.

전술한 바와 같이 "무사도" 또는 "사도(士道)"라고 불리는 사무라이 정신도 안정기에 접어든 에도막부 시대에 들어와서 윤리적인 사상체계가 갖추어진다. 16세기 임진왜란이 실패로 끝난 후 도쿠가와 이에야스(德川家康)가 집권하면서 일본이 안정되고 전국시기의 전란(戰亂)이 사라졌다. 그러자 에도막부가 무인정권이었음에도 불구하고 대내적으로 약 260년간의 평화시대를 이루게 된다. 일본인 학자의 말을 빌리자면, 이는 막부(幕府) 자체의 통치능력 때문이라기보다 정유재란(丁酉再亂) 때에 일본에 납치당해 포로로 잡혀간 강항(姜沆), 정희득(鄭希得) 등 조선유학자들의 공로가 컸기 때문이라고 한다.[47]

그중 대표적인 조선유학자가 이황의 문인인 강항(姜沆)이다. 강항의 호(號)는 수은(睡隱)인데 선조 때 좌랑(佐郞) 벼슬에 있었다가 정유재란 때에 의병장으로 활동했던 인물이다. 그 후 왜의 포로로 잡혀갔다가 1600년에 포로 쇄환 때에 귀국 후 죄인을 자처하고 고향에서 일생을 보낸 선비이기도 하다. 그는 일본에 있을 때 포로였으나 그의 인품과 높은 학문을 흠모하여 그의 성리학을 사사 받은 학자가 있으니 그가 후지하라 세이까(藤原惺窩)이다.

후지하라 세이까는 일본 내에 성리학의 학풍을 세웠고 그의

47) 호사카유지(保坂祐二), 『조선선비와 일본 사무라이』, 김영사, 2008, pp. 151-154.

제자 하야시 라산(林羅山)은 그의 추천을 받아 이에야스에게 중용된다. 이 과정을 통해 후지하라 세이까는 조성리학이 막부의 정통사상으로 자리 잡게 하는 데 큰 영향을 끼쳤다. 그의 학풍을 이은 아라이 하꾸세끼(新井白石)도 막부에서 예악을 기본 삼아 문치정치를 추진한 인물이다.[48] 그 밖에도 대마번의 수석 유학자로서 왜란 이후 통신사 사절 파견 재개 등 한일 국교 회복에 공이 큰 아메노모리 호슈(雨森芳洲)[49], 전술한 야마가 소코오(山鹿素行) 등을 들 수 있다.

이리하여 이들에 의해 조선의 성리학이 막부시대의 관학으로 받아들여져 힘의 존재를 내세운 사무라이들의 근성이 순화되고 막부체제의 평화시기가 오래 지속되었다는 것이며 또한 일본인들의 단정(端正)함이 한국 선비의 행실이 그 모범이 되었다는 것이다. 특히 이퇴계의 경(敬)사상, 즉 감정적 욕구를 막고 이성적 천리(天理)에 따라 행하라는 행실의 조심성(敬의 태도)이 일본인들에게 끼친 영향은 자못 컸던 것이다. 18세기 조선 통신사가 남겨 놓은 기록에 따르면 왜인들이 말하기를 가장 존숭하는 것으로 ≪퇴계집≫ 같은 책이 없다고들 하면서 집에서 그 말씀을 암송하고 모이면 담론으로 삼고 산다고 전하면서 또 만나는 지식인마다 필담을 하게 되는데 그 내용인 즉 ≪퇴계집≫에 나오는 말씀을 제일로 삼고 질문의 내용도 '도산서원이 어느 곳, 어느 군에 속해 있는가?', '선생님의 후손은 몇이며 무슨 벼슬을 하고 있는가?', '선생님은 생전에 무엇을 좋아하였는가?' 등 묻는

48) 신유한, 『해유록』, p. 243. 그리고 호사카유지(保坂祐二)의 『조선선비와 일본 사무라이』 참고.

49) 호사카유지(保坂祐二), 위의 책.

것이 하도 많아 일일이 써 가며 답하기가 힘들었다고 토로하고 있다.[50)]

조선통신사의 왕래[51)] 는 일본의 쇼군 교체시기, 일본사절은 조선의 국왕이 바뀔 때에 행해졌으나 임진 난 이후 단절되었다. 이후 도쿠가와 이에야스(德川家康)가 국교(國交)회복을 열망하였으나 조선의 극렬한 대일감정 때문에 실현될 수 없었다. 그러다가 1606년 대마도 도주의 적극적인 주선으로 조선 측이 강화조건으로 이에야스 장군이 사죄의 뜻을 담은 국서를 보낼 것과 전란 중의 왕의 능묘 도굴범을 잡아 보낼 것 등을 요구하였고 이것이 받아들여져 우여곡절 끝에 한일 간의 사절교환이 성사되어 1607년 재개되었다.

통신사의 파견 규모는 4~5백 명이며 일정은 한성에서 에도까지 왕복 8개월 이상 걸리는 험난한 여로였다. 일본 측이 통신사 일행을 맞이하는데 드는 부담은 적지 않았다. 1,400여 척의 배와 1만 여명의 인원이 동원되고 일행의 접대비로 들르는 지방마다 일 년 경비를 소비해야 할 정도로 성대하게 맞았다. 그만큼 일본의 통신사에 대한 기대가 컸던 것이다. 이들 사행원들이 가는 곳마다 대환영이었고 도착지 숙소마다 제술관의 시문(時文)을 받고자 하는 지방 관료, 문인, 민간인들이 운집하였다. 일본말에 기세를 올릴 때 지르는 소리로 "왔쇼이(わっしょい)"라는 말이 있는데, 이는 고대하던 새 문명의 기쁜 전달자가 왔다는 "왔소"라는 우리말의 와음이다. 통신사가 한번 다녀가면 일본

50) 신유한, 앞의 책, pp.243.
51) 李進熙, 『李朝通信使』, 講談社, 1976, pp.26-29.

의 조선류 붐이 일어나 새로운 유행이 일 정도였다. 이 통신사의 왕래에 의한 양국의 교정 관계는 1404년에서 시작되어 임진란 때를 빼놓고는 1867년 도쿠가와 막부가 메이지 천황에게 정권을 내 줄 때까지 400여 년에 걸친 의의 있는 교류의 역사였다. 특히 260여 년에 걸친 에도 시대의 일본이 국교를 맺고 있던 유일한 나라가 조선이었다. 따라서 조선통신사의 파견이 일본 정치 · 경제 · 문화면에 끼친 영향은 자못 크며 문명의 전달자로서의 젖줄이었다.

여하튼 도쿠가와 막부 하에서 약 300년 동안 사무라이들 간의 싸움은 없어지고 사무라이들은 이제는 영주에게서 받은 토지의 수익으로 사는 것이 아니라 연봉을 받아 생활하거나 배운 재주로 무예 사범이 되거나 혹은 수도사, 시인, 관료, 사무원 등으로 전신하는 자도 적지 않았다. 이에 따라 실전경험이 없는 그들에게서는 영주의 명을 받드는 본래의 봉건 전사의 의리는 사라져 갔다. 하지만 각 번마다 무술은 이어져갔으며 무사적 성품을 기르기 위한 무예가가 되었고 각기 유파(流波)를 이루어 비전(秘傳)의 방법으로 전승되었다.

17세기 말-18세기 초에는 사무라이 출신 학자들이 나와서 『사무라이 강령』 등을 만들어 개인의 명예, 무예의 연마, 모범적인 사회생활을 지켜갈 규칙을 만들기도 하였는데 그중의 하나가 『하까꾸레(葉隱)』(The book of the Ssamurai)이다. 이 책은 1700년에 규슈의 히제한(肥前藩)의 가신인 야마토모 쓰네토모(山本常朝)와 무사 다시로 쓰라모토(田代陣本)가 서로 주고받은 필록이다. “하까꾸레”란 말은, 두 무사가 깊은 산 속의 나뭇잎(葉) 그늘 초암에서 당대 무사들의 언행 등을 기록해 놓은 것이라는 의미이다. 전체적으로 이 책의 내용은, 사무라이의 생활규칙을 자세히 기록한 교본으로서 주군에 대한 충성심을 강조한 것 등이 주 내용이나, 과거 봉건 전사로서 지켰어야 할 덕목과 정신을 미화시켜 강조한 것들이다.

이 필담은 그들의 죽은 주군을 추모하는 뜻에서 써 놓은 것이어서 처음에는 사적인 비록으로 두고 세상에 공개하지 않으려고 하였다고 한다. 그러다가 당시 퇴폐해가는 소속 가문의 무사들의 사무라이 정신 진작을 위해서 쓰여진 것임이 알려졌고 무사로서의 고전이 되었다. 특히 이 책에서 “무사도는 죽음을 깨닫는 것이다”라 한 말이 회자되었다. 그것은 모시는 주군을 위해 죽는 것이 무사의 충절이라는 뜻이며, 이 말이 무사도 정신의 표어가 되었다.[52)]

1703년 무사도의 정화(精華)라고 일본인들이 기리는 사건이 일어났다. 이 사건은, 억울하게 죽은 주군의 원수를 갚기 위해 47인의 가신들이 집단으로 죽음을 각오하고 충성심을 보여 준 사건이다. 이를 주제로 “주신구라(忠臣藏)”라는 작품으로 극화되며 오늘에 전하고 있다.

이 사건이 일어난 시기는 겐로쿠(元祿) 시대(1688-1704)이다. 이때는 막번체제가 안정되어 문치적 경향이 농후하던 시대로 사회의 중심적 존재였던 무사로서의 의식도 크게 변하였다. 더

52) 고이케 요시아키(小池喜明), 『葉隱- 武士の奉公』, 講談社, 1999, pp. 9-10

구나 상업경제의 발달과 함께 경제적 실력을 갖춘 죠오닌(町人)들의 생활과 문화가 자리를 잡아가던 평화로운 때였다. 아꼬오료오시(赤穗浪士) 사건이라 불리는 이 사건은 이런 분위기 속에서 벌어진 일이어서 사풍(士風)이 해이해진 당시 일본 사람들에게는 한 모금의 청량제였다. 그것은 일본인들에게 "세상에서 가장 아름다운 것은 부모와 주군의 원수를 갚는 것이다"라고 한 무사도의 정신세계를 다시 일깨워준 일대 사건이었다.

더구나 메이지(明治) 원년인 1868년에 일본 천황(天皇)은 앞에서 말한 『주신꾸라』 작품의 주인공들인 47인 묘지에 칙사를 통해 금폐(金幣)를 들려 보내었다. 그 칙지(勅旨)에 이르기를 "그대들은 굳게 주종의 의를 지키고 복수의 본보기를 보여주고 죽음으로써 백세(百世) 후손들로 하여금 감분(感奮) 흥기케 하니 짐은 깊이 가상(嘉賞)하노라. …"하였다 한다.[53)]

이에 고무되어 그들의 희생과 행동은 강령이 되고 일본인의 민족 특성에 녹아들어 훗날 그들 특유의 희생정신을 발휘케 할 수 있었던 것이라 하겠다. 카미카게 특공대 등의 예에서 드러나는 이러한 무사도(武士道)의 강조는 일본 군국주의를 지지하는 도덕교육의 중심적 덕목이 되어 충군애국(忠君愛國)의 근간이 되어 간 것은 물론이다.

53) 마쓰시마 에이이찌(松島榮一), 『忠臣藏』, 岩波書店, 1981, p. 210.

(7) 천황(天皇)과 일본

일본 황실의 수장을 천황이라 한다. 천황이란 칭호가 사용되기는 7세기 초 스이고(推古) 천황(592-628) 이후의 일이다. 그 이전에는 "대왕(大王)"이라는 뜻의 "오오기미"라 불리었다.

일본의 최고(最古)의 역사기록서인 《일본서기》와 《고사기》에 의하면 일본 황실의 계보는 건국 신인 아마데라스 오오미가미(天照大神)의 후손이 아마데라스 신(神)에게 물려받은 삼종신기(三種神器)인 구슬, 칼, 거울을 권위의 상징으로 삼고 구주(九州)의 히무까(日向)에 내려와 다스리는 데서 시작된다. 그의 후손 진무(神武)가 정복사업을 벌여 야마토(大和) 지방(지금의 나라 지역)을 차지하고 정권을 세워 초대 왕이 되었다고 기록되어 있다.(大和政權) 하지만 지명이나 상황 등에 일관성이 없는데다가 학자들에 의해 거의 가공되었음이 오래전에 지적되어 온 것이 사실이다.

중국 측 기록에 의하면 서기 7세기 초에 오오기미(大王)라는 왜왕이 중국에 입공(入貢)한 사실이 있는 것으로 보아 당시 스이고(推古) 천황(592-629) 제위 시에 해당되므로 이때부터 천황이란 칭호가 시작되었을 것이라고 보고 있다. 그리고 일본 국명에 대해서는 ≪구당서(舊唐書)≫ 동이(東夷)전 왜국(倭國)편에 "일본국은 왜국의 별종이다. 그 나라가 해가 뜨는 곳에 있기 때문에 일본을 나라 이름으로 하였다. 혹은 말하기를 왜국이 스스로 그 이름이 우아하지 못한 것을 싫어하여 일본이라고 고쳤다고 한다. …〈중략〉… 그 나라 사람으로 입조(入朝)한 자가 대부분 '자기 나라'가 크다고 자랑하며 사실대로 대답하지 않아 중국이 이를 의심하였다…"라 기록되어 있다.

우리나라 김부식의 ≪삼국사기≫ 문무왕 10년 12월(670)에도 왜국을 "일본"이란 이름으로 고쳤다고 기록되어 있다. 그리고 일본인 학자에 의하면 일본이란 국호는 668년(天智天皇 즉위년)에 백제인이 '해 뜨는 나라'라는 뜻으로 한문으로 고쳐준 것이라고 술회하고 있다.[54)]

현재 일본의 해이세이 천황은 세계(世系)상 125대의 천황이라 하는데, 이것은 《일본서기》나 《고사기》의 기록에 근거한 것이어서 신빙성이 낮고, 위에서 보았듯이 천황가의 족보가 만세 일계로 계승되었다고 볼 수도 없는 것이다.

고대 일본의 통일정권이 진행된 시기는 고고학 상으로 볼 때 고분(古墳)이 조성된 때라고 추측된다. 예를 들면 야마토(大和) 지방의 오오진 천황릉(應仁天皇陵)과 일본의 최대 규모인 닌도쿠 천황릉(仁德天皇陵)의 등장인데 특히 인도쿠 릉은 높이 35m, 주축의 길이는 48m의 전방후원(前方後圓) 형태의 거대 능묘이다. 근년의 연구에 의하면 정밀하게 설비된 것으로 하루 100명의 인원이 4년은 걸려야 조성될 수 있을 것이라고 한다. 이러한 대규모의 고분의 발생은 그 당시에 권력과 재력을 지닌 정치적 집단의 출현을 의미하는 것으로 보인다. 또 여기에 주목되는 것은 5세기 이후 전방후원과 같은 형식의 고분이 각지에

54) 井上秀雄, 『古代朝鮮』, (NHK books, 1985), p.213

나타나는데 이것은 아마도 조정과 밀접한 관련을 갖게 된 지방 호족들이 그 지배하에 편입되어 갔다는 구체적인 반영이라고 일본학자들은 해석하고 있다. 이로 미루어 야마토 정권은 각지의 유력 호족 세력을 지배기구 속에 끌어들이는 가운데 성립된 호족 연합 정권인 것이다. 이리하여 중앙의 조정은 오오기미(大王)을 정점으로 유력 호족 출신을 관직(大臣, 大連 등)에 임명하여 국정을 담당하게 하였던 것이며, 그 지배체제는 시성제도(氏姓制度)라고 하는 지배조직을 기반으로 한 것이다.

시성제도란 지연적인 동족집단인 우지(氏)와 조정에서 호족 가문들에게 하사한 신분의 존비(尊卑)를 나타내는 칭호(臣-오미, 連-무라지 등)을 말한다.

이렇게 야마토 정권의 지배는 씨와 성을 가진 호족들에 의해 중앙 및 지방의 지배체제가 갖추어져 운영되었다. 이러한 시성제도는 7세기까지 계속되었다.

조정의 수장인 오오기미는 세속적인 실권보다는 토속신앙인 신도의 의례를 상징적으로 행하는 존재였다. 따라서 정치적 실권의 행사를 기대할 수 없는 여제(女帝)가 천황의 위에 추대되는 경우가 많았다. 천황가의 만세 일개의 족보유지가 어려웠다고도 보이는 이유의 하나라 하겠다.

일본 고대 사회에서 실제로 천황의 지배가 실현된 것은 646년 다이카노 가이신(大化改新) 대[55] 이라 불리우는 일련의 정치개혁이 단행된 이후, 천황 중심의 황친정치(皇親政治)의 기반을

55) 화개신은 중국을 모방하여 연호를 세워 대화(大化)라 하였는데, 이것이 일본에 있어서 공식 연호의 시작이다. 이 개신(改新)은 당의 율령제도를 받아들여 천황을 중심으로 하는 중앙집권의 정치체제를 만들려는 것이었다.

강화한 이후의 일이며, 그러한 통치체제가 확립되면서 천황의 권위를 높여 나갔던 것이다.

그리고 황실의 수장을 군주에서 천황이라 칭하고 역법을 갖추고 진무천황(神武天皇)의 즉위 기원을 꾸며 진무를 천황가의 계보 상 최초의 천황이라 한다든가, 더 나아가서 현인신(現人神: 아라히토 가미)[56] 이라 하여 신격화하는 일도 이때의 일이다. 7세기 중엽 이후 당(唐)의 율령, 즉 형법과 제도 등을 받아들여 그 율령제도를 갖추어 토지와 백성을 지배하에 두고 경제적 부와 권세를 천황에 집중시키고 귀족계급의 지지를 얻어내 천황의 집권체제가 확립된다.

그러나 점차 귀족들 간의 세력다툼이 일었으며, 특히 귀족 계급 중의 천황(天皇)의 외척 세력의 거물인 후지하라(藤原)씨 일족 등이 득세하여 9세기 후반에 이르러 조정의 세력을 장악하였다. 이 외척 세력이 집안의 어른이라는 뜻의 우찌노 조오자(氏長者)라 하여, 나이 어린 천황을 세우고서 황족만 될 수 있었던 섭정(攝政)의 자리를 꿰어찼다. 그리고는 천황이 어른이 되어도 간바꾸(關白)로 남아 실권을 장악하였다. 이에 천황의 정치권력은 점차 무력화되어 갔다. 이후 무사계급의 출현과 득세로 천황은 세속적 권능을 상실하였지만 19세기 메이지유신을 맞이할 때까지 유명무실한 천황제를 유지하게 된다.

이렇게 천황제가 지속적으로 유지된 것은, 과거 외척에 의한 섭정정치이든 천황 부계(父系) 존속에 의한 원정(院政) 정치이든 혹

56) 현인신(現人神)이란 인간의 모습을 지니고 있는 신(神)이란 의미로 일본 고대 사회에서부터 사용해 온 천황에 대한 존칭이다.

은 막부(幕府)정권이든 간에 그들 세력들이 천황의 정신적·종교적 권위를 인정하고 천황으로부터 용인 내지 임명을 받음으로써 그들의 통치지배의 정당성을 확보하는 데 필요했기 때문이다.

한편으로는 더욱이 천황이 권위의 원천이면서도 세속에서의 권력지배와는 무관한 존재이기 때문이기도 하다. 또한 이와 같이 천황의 지위(地位)가 꾸준히 지속되어 온 전통이 만세일계를 내세우는 주장의 배경이 되었음직도 하다. 이러한 성격의 천황의 존재는 또한 일본 역사에서만 찾아볼 수 있는 특성이기도 하다.

1867년에 마침내 메이지유신에 의해서 천황이 군주로서 통치하는 《시경》의 대화편에 나오는 정치체제가 성립된다. 이를 "근대 천황제"라 하는데 일본의 독특한 정치 권력체이다. 일본 근대 천황제를 시작한 메이지유신은 260년간의 에도의 도쿠가와 막부(幕府)를 쓰러뜨리고 막부제도를 폐지하여 중앙통일권력을 수립한 대변혁이다. 여기서 "유신(維新)"이란 말은 정치체제가 새롭게 혁신된다는 뜻인데, 천황정권의 역사적 정통성을 주장하기 위한 것이었다. 유신을 통해서 그동안 무가(武家)에 옮겨졌던 정권을 만세일계의 천황에게 귀속시킴으로써 그 권위와 신성을 높여 국체(國體)의 참모습을 회복하고자 하였다.

이러한 천황제는 패전 후 미군 주둔 하에 천황이 소위 『인간선언』(1946.1)을 행함으로써 스스로 신격을 부정하여 새로운 국면으로 접어들고, 다시 그 해 메이지헌법을 일본국 헌법으로 고쳐 공포하게 된다. 이에 일본 천황은 영국 등 여타 입헌군주국과 마찬가지로 국정에 관한 기능을 갖지 못하고 다만 일본국의 상징으로서 오늘에 이르게 된 것이다.

베트남의 역사를 일컬어 '외세의 침략과 저항의 역사'라고 한다. 베트남이 위치하고 있는 인도차이나 반도는 그 지리적 특성 때문에 외세 침략에 노출되어 있다. 북으로는 아시아 대륙부 세력의 남진 육로와 바닷길 동서 무역로가 서로 겹치는 소위 인적 · 물적 교류가 빈번한 인문적 십자로 지역이다.

베트남사의 이해

5

5. 베트남사의 이해

(1) 국토와 민족

베트남은 앞서 머리말에서 말했듯이 동남아 지역 민족운동의 발원지이다. 과거 강대국인 중국, 몽골, 프랑스, 일본, 미국 등의 침략을 차례로 받았으나 자력으로 싸워 독립을 쟁취한 나라이기도 하다. 이런 베트남의 역사에 대해서 설명할 만한 내용은 많지만, 이 장에서는 지면 관계상 근대 이후 프랑스 식민지배 시의 민족주의 운동과 독립운동만을 주제로 하여 베트남사를 서술하고자 한다.

먼저 베트남의 문화권 문제와 관련해서 잠깐 생각해 보고 본론에 들어가자.

베트남[57]은 동남아시아 대륙부에 속한 인도차이나 반도 동쪽 해안지대에 위치해 있다. 또한 동으로 남중국해와 남으로는 보르네오 해를 면한 연안을 따라 북에서 남으로 길고 좁게 자리 잡고 있다. 국토는 약 331,000km^{2}로 우리 한반도의 1.4배 크기에 해당하며 인구는 (2009년 기준으로) 약 8580만이다. 이 중 86%를 차지

57) 오늘의 베트남의 국명은 그들의 역사의 굴곡을 말해주듯 여러 번 바뀌어 불리어왔다. 중국 문헌에서는 일찍부터 이 지역이 "락월(駱越: 駱越)", "교지(交趾)", "교주(交州)" 등의 호칭으로 지칭되었다가, 당나라 때 와서 안남도호부가 설치되면서 "안남(安南)"이 일반적 호칭이 되었다. 그러나 이는 '남쪽을 안정(평정)시켰다'는 의미여서 중국에 예속된 나라라는 뜻이 되므로 베트남인이 혐오하는 호칭이다. 10세기 이후에 독립 왕조가 서면서 스스로 국명을 지어 "다이꼬비 (大瞿越)", "다이비 (大越)" 등으로 왕조 교체시마다 바꾸었다. 그러다가 19세기 응우옌(阮)조 때에 이르러 오늘의 베트남(越南)이란 칭호가 정식 국명이 되었다. 이는 '남쪽의 월'이란 뜻이다.

하는 낑(Kinh)족을 위시하여 타이(Thai)족, 크메르(Khmer)족, 무엉(Muong)족 등 54개의 소수민족을 포함하는 다민족 국가이다.

건국설화에 의하면 베트남 민족의 조상은 "백월(百越)"이라 불리는 여러 종족 중에서 용을 토템으로 하는 한 종족의 후예라고 기록되어 있다. 이러한 민족의 기원을 다루고 있는 역사서에는 4계열의 설화가 전하고 있는데, 밝혀진 것만 추려서 소개해 보겠다.

설화 속 베트남 민족의 기원은 중국 신화 속의 염제(炎帝) 신농씨(神農氏)의 후손으로 되어 있다. 그 후손 가운데 용종(龍種)으로 태어난 랑 롱 꾸엉(貉龍君)이 있어 선종(僊種-仙人)인 어으 꺼(嫗姬)와 혼인하여 100개들이 알 하나를 낳았는데 그 알에서 100명의 아들이 나왔다. 이들이 백월족의 조상이 된다. 이 두 부부는 물(水)의 용종과 산(火)의 선종과의 결합이라 서로 맞지 않는 사이라 하여 헤어지게 된다. 락롱꾸엉은 50명 자식을 거느리고 남쪽 바다로 가고 그 부인은 나머지 50명을 데리고 산으로 갔다.

이 설화 속에서 부모를 같이 하는 자식들이 갈라졌다는 이야기는 산과 바다의 대립이라는 이원적 구성을 통해서 남방민족과 북방민족과의 각축을 나타낸다. 이것은 건국설화의 기원을 중국의 그것과 동격화함으로써 중국과 비견되는 대등한 형제라는 자존의식을 나타내는 것이며, 따라서 자존의식의 표현이라 하겠다.[58)]

이 설화는 14-15세기에 걸쳐 편찬된 역사서에[59)] 기록되어 있는

58) 송정남, 『베트남의 역사』, 부산대학출판부, 2000, pp.26-28, 유인선, 『베트남史』, 민음사, 1984, pp.17-18.
59) ≪大越史記≫(1272), ≪安南志略≫(14세기 전반), ≪嶺南摭怪≫(14세기 후반), ≪大越史記全書≫(1479), (山本達郞, 『ベトナム 中國關係史』, 山川出版社, 1975, p.708)

데, 13세기 대몽항전(大蒙抗戰)에서 승리한 후 민족의식이 고양된 시기를 배경으로 나타난 것이다. 그리하여 건국설화의 의미를 요약하자면, 베트남 민족은 중국과는 구별되는 남방민족이며 용의 후손을 조상으로 모시는 용의 나라[60]라고 할 수 있다. 이런 용신앙은 베트남의 종족 신앙이었으나 외세침략에 대응하는 저항운동이 거듭되면서 민족의 수호신으로 숭배되었다.[61]

베트남의 역사를 일컬어 '외세의 침략과 저항의 역사'라고 한다. 베트남이 위치하고 있는 인도차이나 반도는 그 지리적 특성때문에 외세침략에 노출되어 있다. 북으로는 아시아 대륙부 세력의 남진 육로와 바닷길 동서 무역로가 서로 겹치는 소위 인적·물적 교류가 빈번한 인문적 십자로 지역이다. 이런 까닭에 베트남에 대한 외세의 침략은 대륙 북부의 중국 전한(前漢) 무제(武帝)의 원정으로부터 시작되었다.(BC.11) 그 후 천 년 동안 한의 군현제, 당의 안남도호부 등의 지배체제로 베트남은 중국의 실질적인 지배를 받았다.

그러나 이러한 강대국의 침략과 강압적 지배는 일찍부터 베트남인의 거센 저항운동을 불러 일으켰다. 최초의 반란은 쟌 다크라고 불리우는 쯩 짝(徵側), 쯩 니(徵貳) 자매 등 두 자매(Hai Ba Trung)에 의한 규모가 상당한 항쟁이었다. 그 밖에도 몽골대군 내습 시에 이들을 물리친 쯩 꾸억 뚜언(陳國峻, 일명 興道王) 등 저

60) J. Buttinger, 『The Samller Dragon』, Praeger, 1958, p.15

61) 이 용 신앙과 함께 외세 침입 시 (특히 몽골 내습시)민중의 결합과 항쟁의지를 모으는 데 큰 역할을 한 것으로 푹땀(福神: 城隍神) 신앙이 있는데 이 푹땀이란 베트남 각 마을에 있는 딩(亭)이란 곳에서 모시는 수호신을 말한다. 이곳에서는 산천의 정령, 특히 외침항쟁의 공이 큰 국민적 영웅을 신으로 받들어 모신다.(片倉穰, 『ベトナムの歷史と東アジア』, 杉山書店, 1980, p.69)

항운동이 끊이지 않고 계속되었다. 또한 고도한 중국문화의 영향 밑에 있었지만 중국에의 동화에 굴하지 않은 채 자주적인 수용으로 개성 있는 문화를 일구어 왔다. 그뿐 아니라 베트남은 동남아시아의 '중국화'를 막는데도 중요한 역할을 하였던 것이다.[62)]

근대에 들어와서는 남쪽으로부터 프랑스의 침략을 받아 약 70년간 식민지 지배하에 놓이게 되었다. 또한 제2차 세계대전을 계기로 일본군의 진주와 미국의 군사개입으로 이어져 베트남인의 민족자주를 위한 저항은 20세기 후반까지 계속되었다. 하지만 베트남인들은 이 모든 역경을 자력으로 이겨내 독립을 쟁취하여 오늘에 이르고 있다.

62) Hoang Van Chi, 『From Colonialism to Communism』, New York, Praeger, 1964, p.5.

(2) 프랑스의 침략과 지배

베트남과 프랑스의 역사적 관계가 시작된 것은 15세기 유럽에서 동양으로 향하는 항로가 개척된 이래 포교의 목적으로 내도한 선교사들과의 만남에서부터이다.

최초의 프랑스 선교사 못뜨(Motte) 신부를 비롯하여 제스윗교단 선교사들이 계속 베트남에 내월하여 포교와 문화의 중개자로서 활약하였다. 그중에서도 베트남에 공헌이 많았던 선교사는 로오드(Alexandre de Rhodes) 신부로서 특히 현재의 베트남어의 로마자 표기사용[63]에 큰 영향을 주었다.

그러나 두 나라 관계가 정치적인 이해관계로 발전하게 된 것은 18세기 말경 삐뇨(Pigneau de Behaine) 신부 이후의 일이다. 그가 베트남에 올 무렵에는 베트남 역사상 최대 규모의 농민의 난인 떠이선(西山: Tay Son, 1771-1801) 운동이 일어난 때여서 이로 인하여 여러 세력들이 대립하여 전국이 혼미를 거듭하고 있었다. 그중 남부에 독립세력을 이루고 있던 응우옌씨(阮氏: 阮福映, Nguyen Phuoc Anh)는 떠이선 군에 패하여 타이국으로 망명가 있던 중에 삐뇨를 만나게 된다. 응우옌은 그의 권유와 알선으로 프랑스세력을 끌어들여 베트남 전역을 평정하게 된다.

그는 떠이선 난을 수습한 후 응우예은 연호를 자롱(嘉隆)이라 하고 책봉 조공 관계에 있던 청으로부터 1804년에 "베트남(越

63) 베트남어는 13세기까지 한자를 사용하였으나 14세기경 한자를 차용하여 만든 '쭈놈(字喃)'이라는 민족문자가 생겨, 이와 병용하다가 17세기 로오드 신부가 선교의 목적으로 베트남어의 로마자 표기에 노력하였는데 이것이 계기가 되어 현재의 꾸옥 으(國語)가 만들어졌다.

南: Vietnam)"이라는 국호를 받아 국명으로 삼고 정식으로 황제위에 오르게 되니 이가 '자롱제'이다.(1806) 자롱제는 앞서 삐뇨 신부와 프랑스의 원조 조건으로 불월공수동맹(佛越攻守同盟)을 맺어 프랑스에게 침략의 길을 열어준 셈이 되었다. 그러나 다행히 프랑스 국내의 혁명(프랑스 혁명)으로 이 조약이 실행되지는 못하였다. 자롱제가 죽고 뒤를 이은 민망(明命)제는 자롱제의 친불태도를 버리고 배외정책을 내세웠다. 그리하여 삐뇨 신부 사후에는 프랑스 선교사를 추방하고 스페인 선교사 살해 등의 종교 문제로 양국관계가 악화되었다.

이것이 프랑스의 공적인 무력간섭의 구실이 되어서 프랑스는 스페인과 제휴하여 베트남을 제압, 1862년 코친 차이나(Cochin China)를 병합하게 된다. 프랑스는 19세기 이전까지만 하더라도 해외식민지 확보라는 적극적인 침략의도는 없었고 주로 통상과 선교활동의 확대에 있었다. 하지만 1870년대 이후 프랑스의 산업규모가 방대해져 해외 시장과 잉여자본의 투자대상의 필요성이 증대되었으며, 다른 한편으로는 보불전쟁(普佛戰爭)과 멕시코에의 군사적 개입의 실패로 인해 실추된 나폴레옹 III 개인의 위신과 제국의 위세를 회복할 필요가 생겨났다. 이때문에 프랑스는 해외 식민지 팽창 정책으로 전환하게 되었고[64] 특히 아편전쟁에서 청이 패배하자 베트남에 대한 무력 진공에 적극 나섰다.

코친차이나의 식민지화에 성공한 프랑스는 80년대 북부 통킹

64) John F. Cady, 『The Roots of French Imperialism in Eastern Asia』, Ithaca, 1954, p.276.

에서 흑기군과 비족(匪賊)들의 습격으로 인해 프랑스인이 피해를 입고 기독교도가 박해당하는 사건이 일어나자 이를 기회로 통킹에 파병하여 진압하였으며 다음 해에는 프랑스가 수도 훼(Hue:順化)를 위협하게 되었다. 그러자 응우옌 조(阮朝)는 청의 구원을 요청하여 항전했다. 하지만 프랑스의 위세를 꺾지 못하고 1883년에 프랑스의 요구대로 아르망(Harmand)조약을 체결하고 다음 해에는 다시 개정된 빠뜨노오뜨르(Patenotre)조약을 체결하여 베트남은 프랑스의 보호국이 되었다.

한편 상황이 이렇게 되자 청나라는 베트남에 대한 종주권을 주장하고 나섰으며 베트남도 역시 프랑스의 보호제도의 승인을 주저하였다. 이에 프랑스는 자신들의 요구를 관철시키기 위해 다시 무력 수단을 강구하여 청불 간의 전쟁이 발발하였다. 그리고 다음 해에 청이 화의를 청하여 청진조약이 체결되었고 청나라는 베트남에 대한 전통적인 종주권을 포기하게 된다.

이리하여 베트남을 보호 하에 두게 된 프랑스는 식민화 정책의 일환으로 전 국토를 세 부분으로 분할하여 각각의 관리관을 두어 통치하였으니, 남부(南圻; 남끼)를 '코친차이나(Cochin china)', 중부(中圻: 쭝기)를 '안남(Annam)', 그리고 북부(北圻: 박끼)를 '통킹(Tongkinh)'이라 하였다. 1893년에는 이들 3개 보호령과 1863년에 보호국에 포함된 캄보디아, 그리고 새로이 보호국이 된 라오스(Laos)를 합쳐 프랑스령 인도차이나 연방을 성립시켰다.

그 후 인도차이나가 프랑스의 해외식민지 중에서 가장 가치

있는 곳으로 주목받으면서 점차 행정조직을 확대하였다. 프랑스는 인도차이나의 전체 행정구역을 6개 단위로 편성하여 통치하였는데 코친차이나는 직할 식민지로 하였고, 통킹과 안남, 캄보디아, 라오스, 그리고 이에 더하여 중국에서 조차한 광주만 등은 총독을 두어 관할하게 하였다. 한편 응우옌조는 명목상 베트남 중부지방에 국한된 안남 조정(朝廷)으로서 프랑스의 보호 밑에서 존속하게 되었다. 이로써 1911년에 이르러 프랑스 연방의 행정조직이 완성된다.

이상 소략하나마 프랑스의 식민지화 과정을 살펴보았거니와 다음으로 항불 민족주의 운동을 알아보기로 하자.

(3) 근왕운동과 반불항쟁

베트남은 청진조약(1885)을 기점으로 프랑스의 식민지가 되었다. 이때 프랑스의 침공에 대한 항거를 시작한 주체는 이전에 그들과 맞서야 했던 관인계급(官人階級)이다.

스페인 선교사 살해를 구실로 프랑스·스페인이 연합하여 침공하자 쟈딩(嘉定)성의 수비장이 이들과 공방 끝에 자살 항거하였고, 전권 내사 판 타인 쟌(潘淸簡)은 사이공 조약교섭 실패로 자결하였으며, 하노이 총독 호앙 지에우(黃耀)는 죽음을 무릅쓰고 싸우는 등의 항거가 잇따랐다. 또한 조정의 중신인 똔 텃 투엣(尊室說) 등 관료 일파는 수도 훼에서 거병하여 프랑스 이사관 관리와 거주민을 습격하며 프랑스 세력을 위협하였으나 프랑스군의 반격으로 황궁까지 점령당하고 말았다. 함 응이제(咸宜帝)는 훼에서 꽝찌 성의 산림으로 피신하여 그곳을 게릴라 거점으로 삼고 프랑스 침략에 저항할 것을 호소하는 근왕령(勤王令)을 황제의 이름으로 발하였다. 이것이 문신(文紳)들의 근왕운동의 발단이었다.

하지만 함응이제는 몽진 이래 프랑스군의 추격을 피해 옮기던 중 산지 추장의 밀고로 프랑스군에 체포되어 알제리에 유배되었고 이 소식을 들은 똔 텃 투엣은 망명생활로 들어갔다. 이로 인해 초기의 근왕운동의 중심세력은 와해되었다. 그러나 훗날 존왕운동의 대표적인 인물로 꼽히는 안남 북부의 문신 판 딘 풍(潘廷逢)과 농민 출신으로서 용맹을 떨친 호앙 홍아 탐(黃花

探) 등에 의해 식민지군을 위협하는 항거는 장기간 계속되었다.

그중 판 딘 풍은 휘하의 명장을 거느리며 1895년 병사할 때까지 의병활동 영역을 넓혀 저항 운동을 호기 있게 펼쳐나갔다. 과거에 합격하여 한때 어사(御使)였던 그는 근왕의 소칙을 받고 향리에서 일어나 11년 반 동안 비교적 조직적이고 끈질긴 항쟁으로 프랑스를 위협하였다. 하지만 그의 병사로 그의 쭝끼의군(中圻義軍: 중부의군) 운동은 종말을 고하고 말았다.

본래 나라의 자주독립과 왕조의 보존을 위해 촉발된 문신의거는 상술한 바와 같이 주로 재야 문신 층을 중심으로 전개되었다. 그러나 명목상의 군주이던 함응이(咸宜)가 강제 폐위되고 괴뢰황제(同慶帝: Dong King)가 등장한 이후, 수도인 훼에서 조정의 관인 층이 식민지체제 속에 흡수되어 가면서 그들의 신민체제에 대한 협조적 태도와 배신행위가 늘어났다. 이에 따라서 왕실에 대한 의군의 불신감이 조장되었음은 물론, 그들이 유교적 충의에 의한 존왕(尊王)적 성향마저 흐리게 되었고 그리하여 문신들은 양이(攘夷)와 나라의 해방을 위한 무장투쟁으로 치닫게 되었다.

(4) 문신의 민족주의 운동

근왕령에 의해 추진되었던 대불 항쟁 세력인 문신계층은 원래 봉건계급에 속한다. 이런 베트남 문신계층은 프랑스의 식민지화 과정에서 서구의 자본주의 문명의 침투에 직면하여 그 계급의 몰락과 함께 내부적 분열을 일으켜 두 파로 갈라지게 된다. 그 하나는 정통적인 유학자층이며, 다른 하나는 서구의 근대 사상을 받아들여 전근대적인 봉건사회의 변혁을 기도하려는, 이른바 유학자 출신의 개명파들이다.

이 중 특히 개명파 문신들은 프랑스 식민주의 지배에 대항하여 20세기 초에서 1930년대까지 민족해방 운동을 주도하던 지도층이다. 그 주축이 되는 인물로서는 판 보이 쩌우(潘佩珠), 판 쩌우 찡(潘周楨), 응우옌 타이 혹(阮大學) 등을 들 수 있다. 여기서는 혁명주의 노선을 주도한 판 보이 쩌우의 사상과 행적을 중심으로 서술하기로 하겠다.

판 보이 쩌우는 **북부 예안성 출신**으로 향시(鄕試)에 수석으로 합격하여 지식층 사이에 일약 명성을 얻었으며 이를 바탕으로 생애를 건 혁명운동에 투신하게 된다. 그는 각지에 분산되어 있는 의군의 잔당, 근왕당의 구장(舊將), 흑룡당 등의 간부급 인사들과 연합하여 저항세력의 폭을 넓혀 나갔다. 특히 중망(衆望)을 귀일시키기 위해 황족 중 큰 뜻과 식견있는 끄엉 데(彊柢) 후(侯)를 회주(會主)로 추대하여 비밀결사를 조직하였다. 이것이 나중에 베트남 유신회(維新會)로 발전한다.

이같은 그들의 민족운동을 실천하게 만든 계기는 러일전쟁이다. 러일전쟁에서 일본이 승리했다는 사실은 백인 우월의 신화를 깨고 그들로 하여금 자신감을 갖게 하는 데 큰 자극을 주었으며, 프랑스에 대한 적개심과 베트남의 광복을 희구하는 열성을 불러일으키는 계기가 되었다.

이들 개명파 문신들은 망국의 비운과 민족 멸망의 위기가 국민의 우매함에 기인하는 것이라고 생각하였다. 그리하여 이들은 국민 계도를 하기 위해 학회를 조직하고 각지를 다니며 유세를 벌이며 서적과 팜플렛 등을 배포 보급하는 운동도 전개하였다. 또 한편으로는 항불 무장투쟁의 실천을 위해 신식무기 지원을 교섭하기 위해 판 보이 쩌우가 회의 대표로서 특수 임무를 띠고 일본에 출양하였다.

판 보이 쩌우가 특히 일본에 원조를 기대한 것은, 러일전쟁에서 승리한 일본의 근대화된 힘이 강력하다는 것, 그리고 일본도 같은 아시아 주(洲)에 속해 있는 황색 인종이니 동주동종의식(同洲同種意識)으로 백인에 대해 인종적 반감의식을 갖고 있을 것이라고 믿었기 때문이었다.

이리하여 1905년 4월 근대적 무기 등 해외 원조의 기대를 걸고 일본에 간 판 보이 쩌우는 당시 일본에 망명생활을 하고 있는 량 치 차오(梁啓超)를 만나 그의 조언을 듣게 된다. 그것은, 현재 일본 정부는 프랑스와 우호조약을 맺고 있는 사이이기 때문에 정부 차원으로서는 불가능할 것이라는 말이었다. 대신에 그는 량의 소개로 일본재야 거물 정객 등과 접촉하게 되지만 격려 외에는 목적을 이루지 못하였다.

그는 일본의 현실을 체험하고 중국 혁명지사들과 접촉하는 가운데 민족의 자유와 독립에는 무기나 군사력 같은 물리적인 힘보다 근대적 사회개혁을 통한 민족역량에 있음을 절감하게 된다. 그는 일본 정부의 무기 지원의 희망을 체념하고 장차 혁명을 이끌어 갈 인재 양성이 선결문제라는 견지에서 베트남 청년들을 일본에 유학시키는 일에 전념하게 된다.

판 보이 쩌우는 귀국하여 회원들에게 베트남 청년들의 도일 계획을 주지시키고 회주 끄엉 데의 탈출계획을 세웠으며 1905년에는 3명의 유학생을 대동하고 도일하게 된다. 이것이 이른바 동유운동(東遊運動: Phong Trao Doong Do) 실현의 발단이다. 그는 동유를 고취시키기 위해 「권국민조자 유학문(勸國民助資留學文)」이라는 계몽서를 지어 베트남 청년과 부유층 동포들에게 일본유학을 역설하는 동시에 찬조금 출연을 요청하였다. 이에 많은 청년들의 호응과 유학생 후원을 위한 비밀조직들이 속출하였다.

판 보이 쩌우는 계속하여 해외혈서 초편(海外血書初篇) 등 책자 등을 통하여 베트남의 망국의 원인, 프랑스의 착취와 우민 정책 등을 설파하며 베트남 청년의 애국심을 불러일으켰다. 이에 힘입어 다수의 애국 청년들이 동방으로 유학을 떠나는 동유운동이 전개되었다. 1906년 4월에는 홍콩으로 망명해 온 끄엉데를 다시 회주로 하여 유신회(維新會)를 창설하였다. 다음 해 2월 하순에 판 보이 쩌우는 끄엉데를 모시고 일본에 입국한다.

이와 같이 동유운동은 회주의 내도 이후 베트남의 노년층을 위시한 각 계층의 지사들의 호응을 받아 더욱 가세 되어 갔으며 1907,8년 동안은 동유운동의 최성기로서 유학생 수가 200명에 달하였다.

판 보이 쩌우는 제일 유학생이 늘어감에 따라 이들을 감독・조직하는 한편 1907년에 신 베트남 공헌회(新Vietnam 公憲會)를 설립하였다. 이는 그의 말을 빌리자면[65] 베트남의 해외 임시가정부 같은 것이었다고 하며 실제로 베트남 동유 유학생회였던 것이다. 그는 이 운동을 추진하기 위하여 일본에서 추방될 때까지 4년간 본국과 일본을 오가며 잠행 출입하였다. 당시에 베트남인의 항불 민족운동과 독립을 위한 투쟁의지는 실로 이 동유운동에 집중되어 있었다.

그러나 신베트남 공헌회가 결성될 즈음 베트남 국내에서는 프랑스 군인 독살사건과 호앙 호아 탐 의군의 무장봉기가 일어났다. 이 계획은 사전에 판 보이 쩌우와 호앙과의 공동작전에 의해 실행될 예정이었으나 계획이 사전에 누설되었고, 또한 호앙 호아 탐이 실행에 불참함으로써 수포로 돌아갔다.

이 사건을 계기로 프랑스 식민당군은 강경한 조치를 취하였다. 유신회의 활동 억압 취체는 물론, 유학생 가족들의 체포, 투옥하는 등 탄압을 가하는 한편 불일 협약을 내세워 일본 정부에게 공헌회의 해산과 유신회 회주인 끄엉데의 인도를 요구하였다. 이에 대해 일본 정부는 끄엉데는 정치범이기 때문에 신변인도나 처벌을 할 수 없는 것이라고 하여 거부하였으며, 대신에 그 외의 월

65) Phan Boi Chau, 『Reflections From Captivity』, Prison Notes(translated by C.J.Jekins, Tran Khanh Tuyet and Huyn Sanh Thong), Ohio univ., 1978, p.43.

남인들을 국외로 추방하는 선에서 프랑스 측과 타협하였다. 이는 양국이 각기 베트남과 조선을 식민지 통치를 하는 제국주의 국가로서 서로 간에 통치 상의 이권을 확인하는 외교상 비밀협약에 의한 것이었다.

프랑스는 끄엉데가 추방되어 잠적해 버리게 하는 것보다는 일본의 감시하에 있도록 하여 그를 둘러싼 혁명운동의 동향을 일본 측으로부터 제공받는 것이 낫다고 보았다. 그리하여 일본 측에도 프랑스 상해 조계 등에서 독립운동을 하고 있는 조선인에 관한 정보를 주면서 서로 정보협조를 하기로[66] 내밀히 협약하였다.

이리하여 베트남 재일 유학생단(공헌회)은 해체되었으며, 그중 일부는 중국인으로 위장하여 일본에 잔류하는 자도 있었으나 대부분 본국으로 귀국하든가 중국, 태국 등지로 추방되었다. 판 보이 쩌우는 일본 정부의 감시와 취체에 몰리어 국외로 퇴출되면서 일본 외무대신(小村壽太郎) 앞으로 서한을 보낸다. 그는 이 서한[67]에서 "같은 동양의 황인종으로서 대일본제국의 국체를 위해서 슬퍼하지 않을 수 없다"고 말하면서 "나는 베트남국에서 순결무죄인이며 일본의 망명객으로서 일본 법률을 위반한 일이 없다. …〈중략〉… 각하는 황인종이며 아주인이 아닌가? 죄 없는 사람을 추방하려 하는데 황인종을 비하하고 백인에 아첨하기 이와 같은가? 프랑스는 강권이 있고 일본은 강권이 없단 말인가? 귀 대신은 끄엉데를 차라리 잡아다가 프랑스에 보내도 좋소. 피하지 않을

66) 일본외무성 자료관(日本外務省資料館) 소장, 『佛國內政 關係雜纂』, 「印度支那關係-安南王族亡命關係」 (二册) 참조.
67) 앞의 자료, 『佛國內政關係雜纂』, 판 보이 쩌우의 자료인용(붓으로 쓴 자필임). (김기주, "한민족독립운동사", 10. 국사편찬위원회, 1991, p.100 참조.)

것"이라고 일갈하며 끝을 맺고 있다.

판 보이 쩌우와 함께, 나중에 끄엉데도 끝내 일본에서 국외로 추방됨에 따라 20세기 전반의 베트남 민족운동은 좌절되고 만다. 이 사건으로 인해 인재양성을 위한 학단조직이 붕괴되었다는 점에서 베트남 민족운동에 큰 타격이었다.

이리하여 대일 의존 계획의 열의에 차 있던 판은 일본에 대한 큰 실망과 환멸을 느끼고 1909년 3월 일본을 떠나 홍콩으로 향했다. 그리고 그는 온건한 개혁주의적 정책수단을 포기하고 다시 급진적인 무력투쟁으로 전환한다. 특히 그에게 새 희망과 의욕을 갖게 한 것은 중국의 신해혁명이었다. 신해혁명의 성공이 알려지자 혁명동지들이 중국 광둥에 내도하게 되어 이곳을 본부로 하는 새로운 혁명운동의 전기를 맞게 된다.

1912년 5월에 광동에서 유신회를 해산하고 베트남광복회(越南光復會:Vietnam Quang Phuc Hoi)를 조직한 것이 그것이다. 이 회의 목적은 중국 혁명을 본보기로 삼아 외세를 축출하고 입헌군주제가 아닌 민주공화국을 창도하는 것이었다. 이 회의 총리가 된 판 보이 쩌우는 우선 프랑스 식민세력을 축출하기 위한 군대조직과 무력시위에 활동의 중점을 두었다.

그는 민중의 참여를 유도하기 위해 프랑스 요인에 대한 암살 테러를 계획하여 1912년 총독 사로(Albert Sarraut)의 암살을 기도하였고 그다음 해에 하노이 호텔에서 폭탄투척 의거 사건을 일으켜 프랑스군 대좌 2명을 살해하였다. 이에 프랑스 식민당국은 대대적인 검거에 나서 수백 명을 체포하였다. 판 보이 쩌우도 체포되어 1913년 광동에서 감금된 후 옥 중에서 『옥중서(獄中書)』를 썼는데 이 책은 월남민족운동에 관한 문헌 중에서도 중요한 의미를 갖는다.[68] 3년간 구금생활을 겪게 되며, 이로써 광복회도 이 기간 동안 기능을 잃게 된다. 판이 석방된 후에야 광복회의 활동이 다시 활기를 띠게 되었다.

1924년 6월 광동에서 총독 마르띠알 메르렝(Martial Merlin)에 대한 폭탄투척 사건이 일어났다. 이 사건은 애국청년단체(心心社-후설) 회원 팜 홍 타이(范鴻泰)가 프랑스 조계지역인 사면(沙面)에 위치한 호텔에서 열린 환영연에 잠입하여 테러를 감행한 것이었다. 그는 총독암살에 실패한 뒤 스스로 강물에 투신 자살하였다.

이 사건은 프랑스가 1차 세계대전에 승리한 후 실의에 빠졌던 판에게 새로운 용기를 주었다. 그는 이를 호기로 내외의 관심을 끌기 위해 사면 폭탄 성명서[69]를 발표하게 된다. 이 사건은 혁명파 동지들에게 끼친 영향은 자못 컸다. 이 사건의 여파로 그다음 해에 베트남 혁명 동지회가 조직되고 다시 2년 뒤에 베트남 국민당(Viet Nam Quoc Dan Dang)이 결성되어 민족주의 운동은 혁명적인 성격을 띠게 된다.

그러나 이러한 일련의 테러의 감행과 광복군에 의한 항전도 식민통치의 국부적인 위협에 그쳤고 오히려 저항 측에 막대한 피해와 아울러 통치상 가일층의 탄압을 초래했을 뿐이었다. 그것은 광복회의 지도 역량과 조직의 취약에도 문제가 있겠지만, 무엇보

68) 大岩誠, 『安南民族運動史概說』, ぐろりあ文庫, 1941, pp.83-126 참조.

69) 「越南國民黨沙面爆彈聲書」란 성명서에 '국민당'이라고 한 것은 광복회의 조직이 와해된 후 월남 국민당의 설립을 구상하고 있었기 때문이다. 베트남 국민당이 정식으로 결성된 것은 1927년으로 응우옌 타이 혹(阮大學)에 의해 하노이에서 창설되었는데 중국 국민당의 당규를 모범으로 하였다.

다도 광복회 지도부가 대개 지주를 겸한 신분이었기 때문에 대중의 요구를 수렴치 못하여 폭넓은 지지 기반을 갖지 못한 데에 그 원인이 있다고 보겠다.

또한 항불 전쟁이 실패를 거듭함에 따라 내부의 모순과 분열이 일어나 판 바 옥(潘伯玉)과 같은 일부 동지들이 식민지 정책과 평화적인 타협을 모색하려는 움직임을 보여 회의 조직망은 점차 와해되어 가고 있었다. 이리하여 베트남 민족 운동은 1차대전을 계기로 새로운 국면으로 들어서게 된다.

전쟁 중 러시아 혁명을 이룩한 소련이 반제국주의 전쟁을 선언하여 식민지 해방운동을 선동, 고무한 것은 주지의 사실이거니와 베트남에 있어서 그들에게 혁명운동의 모범이 되었던 중국국민당이 공산당과 합작하여 반제・반봉건 운동이 진전되어 가는 상황 속에서 국제 공산주의 세력이 침투하게 되는 것이다.

1924년 12월 호찌밍이 코민테른 동방지부의 일원으로 광둥에 등장하여 당시 중국혁명 정부에서 소련의 보로딘(Borodin)의 비서로 근무하게 되었다. 호찌밍은 광동에 오자 베트남의 정세를 면밀히 검토한 뒤 판 보이 쩌우를 비롯한 지사들과 만나 민족혁명의 기본 원칙과 방법을 제의한다. 그는 "동지들의 지난 12년간의 무력투쟁은 결과적으로 아무 성과도 얻지 못하였다"고 하면서 "우리의 투쟁을 승리로 이끌기 위한 확실한 방법은 세계 피압박 약소민족 연맹에 가입하는 것"이라고 설득한다. 즉 당시 제3차 인터내셔날에 의하여 지도되는 국제공산주의 혁명세력과 합류하자는 것이었다.

판 보이 쩌우는 또 다른 국제적 후원에 기대를 걸고 호찌밍의 제의(앞서 말한 약소민족 연맹의 베트남 지구의 건설)를 받아들이게 된다. 한편 호찌밍은 판의 측근인 란 죽 투(Lan Duc Thu, 본명은 Nguyen Cong Vien)를 설득하여 판 보이 쩌우의 제거를 모의한다. 호찌밍의 제안은 혁명을 위한 자금 확보를 목적으로 판을 프랑스 당국에 넘길 것과 그의 체포로 인하여 국민들의 애국심이 크게 자극될 것이라는 것이었다. 이에 동의한 란 죽 투는 1925년 세계 피압박 약소민족연맹의 아시아 지부 모임 석상에서 혁명과업을 수행할 자금이 없으니 이를 위해 신망 높은 한 혁명 지도자를 희생시킴으로써 프랑스 측으로부터 막대한 자금을 얻어낼 수 있다는 것과, 그가 체포되어 재판받는 과정에서 국민들의 애국심과 내외의 동정을 얻게 될 것이라고 연설하였다. 그리고 판은 이미 늙어 혁명운동에 유익한 존재가 못 된다고 말하였다. 마침내 그는 회중의 동의를 얻어 실행에 옮기게 된다.[70)]

이때에 항주에서 활동하고 있던 판은 이러한 그들의 계략을 알지 못한 채 세계 피압박 약소연맹의 베트남 지구 창립 식전의 주재를 요청받고 광둥으로 가는 도중 상해에서 프랑스 관헌에게 체포되었다.(1925.6.25) 이로써 베트남 민족주의 운동의 선구자로서의 판 보이 쩌우의 혁명운동은 끝나게 되며 민족주의의 진영이 공산주의를 베트남에 끌어들이는 계기가 되었다.

70) Nguyen Phut Tan, 『A Modern History of Vietnam(1802-1954)』. Nha Sach KHAI-TRI, Saigon, 1964, pp. 323-325.

(5) 공산주의 세력의 대두와 독립운동

상술한 바와 같이 개명파 문신의 민족주의 운동은 항불투쟁의 거듭된 실패와 지도자의 상실(판 보이 쩌우의 체포와 판 쩌우 찡의 죽음 등)로 좌절되었다. 그러나 다시 1차 대전 후 성장해 온 민족 부르조아와 쁘띠 부르조아를 중심으로 한 민족주의 세력이 함께 그 주도권을 한때 넘겨받게 되지만 이는 급격히 대두한 공산주의 세력에 의해 운동의 주도권을 상실하게 된다.

이러한 주도권의 이행 원인은 국제적인 정세의 변화와 그 영향에 있었다. 즉 1차대전 후 미국 윌슨 대통령의 민족자결원칙의 주장이 식민지인들에게 새로운 희망을 안겨 주기도 했지만 그보다 중요한 것은 1917년 11월의 러시아혁명으로 막강한 제정 러시아 권력이 민중에 의해 무너졌다는 사실이다. 이에 아시아 민족주의자들로 하여금 민중의 힘에 대한 자각과 민족혁명에 대한 각성이 일어났다. 특히 중국에서 1919년 5.4운동(反日, 反帝運動)이 확대되고 중국공산당 결성(1921), 쑨원(孫文)의 혁명운동 등이 진전되는 상황 속에서 러시아혁명의 영향은 중국과 역사적·문화적으로 밀접한 관계에 있는 베트남에도 미치게 되었던 것이다.

베트남에서 마르크스주의를 도입하고 공산당을 창건한 지도자는 전술한 바와 같은 호찌밍이다. 그는 1890년 역사상 많은 인재들이 배출된 북베트남 예안 지방의 가난한 향신(鄕紳) 집안에서 태어나 어려서 전통적인 유교교육을 받고 자랐다. 그는 가

정형편으로 대학 다니다가 중퇴하고 22세 때 선원이 되어 프랑스에 건너갔다. 6년간의 유랑생활 끝에 파리에 정착하여 칼라 사진 수정공으로 일하면서 독학으로 사회주의 이론을 연구하였고, "응우옌 아이 꾸옥(Nguyen Ai Quoc)"이란 필명을 갖고 식민지 독립운동에 뜻을 두게 된다.

1920년 프랑스 공산당 창립과 더불어 당원이 되고 이 당의 원조 하에 파리에서 프랑스 식민지 통치를 받고 있는 여러 민족 대표들과 협력하여 식민지 제민족연맹(植民地諸民族聯盟)을 결정하였으며(1921) 1923년에는 모스크바에서 열린 농민 인터내셔날에 참가, 집행위원이 되었다. 다음 해 코민테른 제5차 대회에 참석한 다음 그 해 12월에는 전술한 바 있는 중국 국민당 정부의 고문인 보로딘과 더불어 광둥에 파견된다. 그는 이곳을 근거로 하여 공산주의 전략에 입각한 베트남 혁명 운동을 주도해 나갔다.

당시 광둥은 국공합작(國共合作) 시대로서 아시아 혁명의 요람지였다. 그리하여 그는 우선 광둥의 베트남 학생・청년들의 민족주의 단체인 땀땀사(心心社)의 회원을 흡수하여 이를 기반으로 베트남 혁명 동지회를 조직하고 프랑스 제국주의를 추방하여 조국의 독립을 달성하며 다음 단계로서 공산주의의 실현을 수행한다는 것을 그 정책강령으로 내세웠다. 이 회의 성립과 함께 베트남에서의 공산주의 운동이 시작되었다고 할 수 있다.

한편 1차 대전 후 꾸준히 양적 성장을 거듭하여 약 20만에 이른 노동자의 정치의식이 고조되면서 각지에서 노동조건의 개선을 요구하는 스트라이크·사보타지가 연이어 일어났다. 이에 프랑스 당국의 탄압이 시작되자 동지회 회원 중에서 공장 노동자가 다수를 차지하고 있던 북베트남 위원회에서 강력한 공산당 조직의 움직임이 일어났다. 1929년 인도차이나 공산당의 성립이 선언되고 다시 민족주의 노선을 견지하려던 동지회 중앙이 방침을 고쳐 남부 조직을 중심으로 안남 공산당을 조직하였다. 그리고 두 파벌 외에 별도로 인도차이나 공산주의 연맹도 나타났다.

이러한 베트남 내에서의 베트남 공산주의 운동의 난립에 당황한 코민테른은 당시 타이에서 현지 체류 베트남인의 조직화를 추진하고 있던 호찌밍에게 통일공작을 지시하게 된다. 그는 이 세 조직들을 통합하여 인도차이나 공산당(Dang Cong San Dong Duong)을 결성하고(1930) 그 해 4월 코민테른의 정식 지부가 되었다. 이리하여 이후 베트남의 독립운동은 독립을 이룰 때까지 공산주의 세력에 의해 전개된다.

(6) 베트남의 독립선언

베트남 창당 이후 그 지도 밑에 조직된 비합법적인 노동조합원은 약 1만 명에 달했다. 이들이 중심이 되어 각지에서 파업이 결행되었는데 이 중 특기할 만한 사건은 예 띤 소비에트(Nghe Tinh Soviet) 정권의 수립이었다.

이 사건은 1930년 9월 감세(減稅) 요구가 발단이 되어 촉발된 무장봉기로서 지방관리를 쫓아내고 농민들 스스로 통치기구를 구성하며 약 3개월간 쏘비에트 정권을 세운 바 있다. 이 쏘비에트는 결국 식민당국에 의해 무자비하게 탄압되어 좌절되었으나 일시적이나마 대중에 의해 초보적인 혁명정권이 창출될 수 있다는 것을 보여주었다. 이 예 띤 쏘비에트의 실패는 인도차이나 공산당에게 큰 타격이었다. 당 간부들이 체포·감금되었으며 때마침 호찌밍도 홍콩에서 영국 경찰에 체포되어 인도차이나 공산당의 활동은 일시 침체기에 들어서게 된다.

1940년 6월에 일본이 인도차이나로 그 세력을 뻗치면서 베트남은 새로운 국면을 맞이하게 된다. 일본은 그들이 도발한 중일전쟁이 장기화되고 프랑스가 독일에게 항복하자(6월22일) 이를 기회로 일본군은 충칭(重慶)의 장개석에 대한 영·미군의 지원물자의 통로가 베트남이라 하여 이를 차단하겠다는 구실로 베트남 국경으로부터 침입해 들어온 것이다. 프랑스 식민지 당국은 본국이 독일에 항복한 상태여서 전의를 잃고 일본군에 굴복하고 말았다. 이리하여 베트남은 프랑스 식민주의자와 새로운 침략자인 일본이라는 두 정복자의 지배를 받는 상태가 되었다.

한편 호찌밍은 그동안 구금상태에서 풀려나 모스크바와 중국 공산당의 근거지인 얀안(延安), 한양(漢陽) 등지에서 중공군과 교류하며 활동하다가 1940년 중국 남부 운남성 쿤밍(昆明)에서 인도차이나 공산당과 연락에 성공하였다. 그 해 6월에 호찌밍은 베트남에서 온 훌륭한 군사 전략가인 보 응우옌 지압(Vo Nguyen Giap)과 판 반 동(Pham Van Dong, 후에 수상이 됨)과 접촉하게 된다. 베트남에서 공산당활동이 다시 활기를 띠게 되는 것은 호찌밍이 1941년 2월 30년 만에 귀국하면서부터이다.

같은 해 5월 인도차이나 공산당 제8차 중앙위원회가 열렸다. 이 회의에서 민족해방의 강조, 토지개혁의 문제, 게릴라 근거지의 시급한 설치 등을 결정하고 각 계급과 애국적 계층을 망라한 통일전선 조직, 즉 베트남 독립동맹(Vietnam Doc Lap Dong Minh; 약칭으로 "베트민 Viet Minh"; 越盟)의 결성이 결의되었다. 이 베트민의 결성은 새로운 적으로 등장한 일본과 프랑스 식민정권에 의한 이중적 억압과 세계정국의 움직임에 대응하려는 전략에서 나온 것으로 새로운 민족운동의 발전을 의미하는 것이었다. 따라서 각 계층과 민족혁명세력을 프랑스와 일본 제국주의 반대 투쟁에 결집시켜 나가지 않으면 안 된다는 것이 베트민의 대응전략이었다.

이 민족 통일전선의 결성을 촉진시킨 것은 미국에서 시작된 경제공황의 여파였다. 본래 인도차이나 식민지 경제구조는 국제 가격에 민감한 식량·농공산 원료 같은 1차 생산품 수출에 기초를 둔 경제였기 때문에 가격의 폭락이 농촌사회에 끼친 영향은 물론, 도시 노동자 하급 공무원들의 실직 사태를 야기시켰으며, 산업의 침체는 대지주 상인에까지 미치었다. 이러한 불황은 프랑스 식민통치에 대한 불만과도 겹쳐 모든 계급·계층으로 하여금 식민체제에 대한 반대 세력으로의 결집을 가능케 하였던 것이다.

1944년 2월에는 장차 월맹군의 모체가 되는 베트남 해방군 선전대를 창설하였다. 이들은 촌락 내부에 침투시켜 조직과 선전활동을 펴 대중 조직을 확대해 가면서 베트민의 대중을 기반으로 한 전면적인 일제공세를 취할 준비태세를 갖추어 나갔다.

한편 일본은 4년에 걸친 프랑스 식민지 당국과의 불편한 관계를 끊고 프랑스 총독을 추방(對佛 쿠데타)하여, 인도차이나에서의 통치권을 탈취(1945.3.9)하고 바오다이(保大, Bao Dai)를 앞세워 그를 국왕으로 하는 괴뢰정부를 세웠다. 이에 베트민 중앙정부는 선전대를 비롯한 각 무장세력을 통합하여 베트남 해방군을 결성하고 보우엔 지압 등을 멤버로 한 군사위원회의 지휘하에 두었다.

이러한 봉기의 준비가 진행되어 가는 중, 일본 히로시마에 원자폭탄이 투하되고 이어 쏘련이 대일참전을 선언하였다. 일본의 완전패배가 임박하자 이를 호기로 삼아 인도차이나 공산당은 전국 대회를 열어 마침내 일제 봉기를 결정하고 8월16일 베트민 주최의 국민대회를 열었다. 이 대회에서 특히 강조된 것은 연합군이 진주하기 전에 국권을 회수하는 것이었다.

이리하여 호찌밍의 이름으로 전 국민에게 봉기선언이 발표되면서 전면 봉기가 개시되었다. 19일 북부 하노이가 장악되고 뒤이어 중부 안남의 훼, 25일에는 남부 코친차이나의 사이공까지 차례로 장악하여 10일간에 걸친 8월 혁명(Cach Mang Thang Tam)은 완전한 승리로 끝났다. 9월 2일에 하노이 시 바딘 광장에서 임시정부를 대표한 호찌밍에 의해 베트남 민주공화국 독립이 선언되었다.

이리하여 베트남 민족은 스스로의 힘으로 나라를 되찾은 것이다. 베트남의 독립을 이끈 호찌밍은 나라와 민족을 사랑하는 민족주의자였다. 1960년 그는 사람들이 "당신은 공산주의자인가?"라는 질문에 "레닌과 제3인터내셔널을 믿도록 나를 이끈 것은 공산주의가 아니라 나의 애국심이었다"라고 답하였다.

그는 1969년 76세의 나이로 그의 오두막집에서 재산이라고는 책 몇 권을 남긴 채 통일을 못 보고 눈을 감았다.

●맺는말

서술을 끝내면서 느낀 바를 술회하고자 한다.

어느 미국의 역사학자가 강의 중에 역사를 연구하게 된 동기를 묻는 학생 질문에 답하기를 커피를 먹을 때 설탕을 타는가 안타고 마시는가의 차이라고 하였다 한다. 자기가 좋아서 했다는 이야기다.

필자가 나이가 들어 역사에 깊은 관심을 두고 대하다 보니 어릴 적 들어 왔던 옛 이야기 속에서와는 달리 세상사라는 것이 반드시 권선징악에 의한 인과응보로 끝나는 것이 아니었다. 잘 알려진 이야기로 고대 중국의 사마천이 그의 〈사기〉의 '백이 열전'에서 어질고 착한 백이와 숙제가 불사이군(不事二君)의 절개를 지키다가 굶어 죽은 사례와 또 공자가 공부 잘 한다고 아끼던 제자 안연이 가난에 쪼들려 끼니를 걸은 끝에 굶다 요절한 안연의 경우를 두고 천하의 못된 짓을 다하며 천수를 잘 누리고 살다 죽은 도척의 팔자와 비교하면서 누구는 말하기를 하늘의 도가 있어 항상 착한 사람 편에 선다 하였는데 어찌 이럴 수 있는 것인지 하며 당혹해 하며 탄식하고 있다.

하지만 사람의 삶은 유한하나 역사는 영원하다, 짧은 인생 속에서 벌어진 일들이 당대에 보답되기는 어려운 것이다. 도도히 흐르는 역사의 강물에는 인간들이 이루고 저지른 일들이 부침하며 흘러간다, 모든 강물은 바다로 흘러 모이게 마련이다. 그 바다에서 3%의 소금에 의해 정화된다. 인간의 행위도 끝내 후대 역사가들에 의해 평가를 받아 청사에 기록되어 후세에 전해진다.

나는 역사 속에서 황하 지류 경위강(涇渭江)[1] 물줄기가 보여 주듯 옳고 그릇됨이 있음을 보았고 그 가운데 바른 길이 있음을 보았다. 그래서 나는 역사가 좋다.

김기주

1) 경위강은 황하의 지류로 경하(涇河)는 흐린 강물이고 위수(渭水)는 항상 맑다. 이 두 강물이 발원을 달리 하여 제각기 흐르다가 서안(西安)부근에서 합류한다. 하지만 섞여 흐르는 동안에도 맑고 흐림이 혼합됨이 없이 유별나게 구분되어 흐른다 하여 "경위"란 말이 사물의 이치에 대한 옳고 그름을 분별한다는 뜻으로 쓰인다.

역사관과
역사산책

글 쓴 이 | 김기주
초판 발행 | 2012년 9월 10일

발 행 인 | 문상필
북디자인 | 이한솔
펴 낸 곳 | 주식회사 애니빅
주 소 | 서울특별시 영등포구 경인로 82길 3-4 (문래동 1가 센터플러스 1118호)
대표전화 | 02-2164-3840 팩스 | 02-6209-7749
홈페이지 | www.anibig.com
이 메 일 | 0221643840@hanmail.net
출판등록 | 제318-31800002510020080000010호

가격 12,000원

ISBN 978-89-97617-25-8 03900